Vorwort

Liebe Leser,

mein Name ist Wolfgang Pade und Reisen ist meine große Leidenschaft, bereits mit vierzehn Jahren reiste ich, mit gleichaltrigen Freunden, allein durch Europa, mit sechzehn waren alle Länder Europas und Nordafrikas mehrfach besucht.

Egal ob mit dem Zug, Bus, Auto, Motorrad, Flugzeug, Schiff, Segelboot oder Kreuzfahrtschiff, ich wollte hinaus in die Welt, um mir diese anzuschauen, es spielte für mich keine Rolle ob ich im Zelt, einem fünf Sterne Hotel oder auf einem Segelboot, bzw. Kreuzfahrtschiff nächtigte.

Erleben wie es wo anders auf der Welt zu geht, Landschaften bestaunen, Tiere beobachten und Menschen kennenlernen, so wie deren Gebräuche, Kulturen und Lebensart zu erkunden. Das faszinierte mich schon mein ganzes Leben lang, das war meine Motivation, mein Antrieb, so bereiste ich inzwischen alle Kontinente, viele ferne Länder, mit fremdartigen Kulturen, gänzlich anderen Glaubensrichtungen, anderen Lebenseinstellungen, so wie auch mit deutlich unterschiedlichen, aber interessanten Essgewohnheiten.

Inzwischen bin ich etwas älter geworden und arbeite als Ingenieur und Manager in einem großen Konzern. Seit dem siebenundzwanzigsten Lebensjahr bin ich mit meiner Frau Silvia verheiratet, gemeinsam haben wir zwei Söhne.

In diesem Buch wird über die Reise auf dem Kreuzfahrtschiff, das zur Reederei Aida gehört, von Kiel über das historische Europa bis in die wunderschöne Karibik, berichtet.

Das kleine Abenteuer beginnt mit der Zugfahrt von Illingen in Württemberg nach Kiel. So kommen wir relativ entspannt zum Übernachtungshotel und können am nächsten Tag die Kreuzfahrt über Europa bis in die Karibik antreten.

Wir starten gleich nach dem Einschiffen, mit unserem schönen und imposant erscheinenden Luxusschiff namens Bella, unsere Kreuzfahrt in Kiel. Von hier aus führt unsere dreiwöchige Reise über das alte und historische Europa in die wunderschöne Karibik. Dort erwarten uns viele fantastische Inseln, die mitten im herrlich schönen blauen- bis türkisfarbenem Meer liegen und uns eine traumhafte Inselwelt zeigen. Die nicht nur aus endlos langen paradiesischen Sandstränden, mit sehr feinem weißen Sand bestehen, sondern auch kulturell, so wie kulinarisch etwas zu bieten haben.

Auf dieser Kreuzfahrt unternehmen wir sieben interessante Landgänge im alten Europa und besuchen fünf Inseln in der einzigartigen und wunderschönen Karibik. Zudem dürfen wir neun relaxte und erholsame Tage auf See genießen.

Im Reisebericht sind 8 Farbseiten enthalten.

Wolfgang Hans Werner Pade

Kreuzfahrt
Von Kiel in die Karibik

Reiseverlauf

Kiel	Deutschland
Göteborg	Schweden
Auf See	
Dover	England
Isle of Portland	England
Auf See	
A Coruña	Spanien
Porto/Leixões	Portugal
Lissabon	Portugal
Auf See	
Pointe-à-Pitre	Guadeloupe
Basseterre	St. Kitts
Roadtown	Tortola
Isla Catalina	Dom. Republik
La Romana	Dom. Republik
Frankfurt	Deutschland

Autor: Wolfgang Hans Werner Pade

Bibliografische Information der Deutschen Nationalbibliothek:
Die Deutsche Nationalbibliothek verzeichnet diese Publikation
in der Deutschen Nationalbibliografie; detaillierte bibliografische
Daten sind im Internet über http://dnb.dnb.de abrufbar.

Kreuzfahrt
Von Kiel in die Karibik

Verlag:
BoD · Books on Demand GmbH,
In de Tarpen 42, 22848 Norderstedt,
bod@bod.de
Druck:
Libri Plureos GmbH, Friedensallee 273,
22763 Hamburg
ISBN: 978-3-7583-5127-3

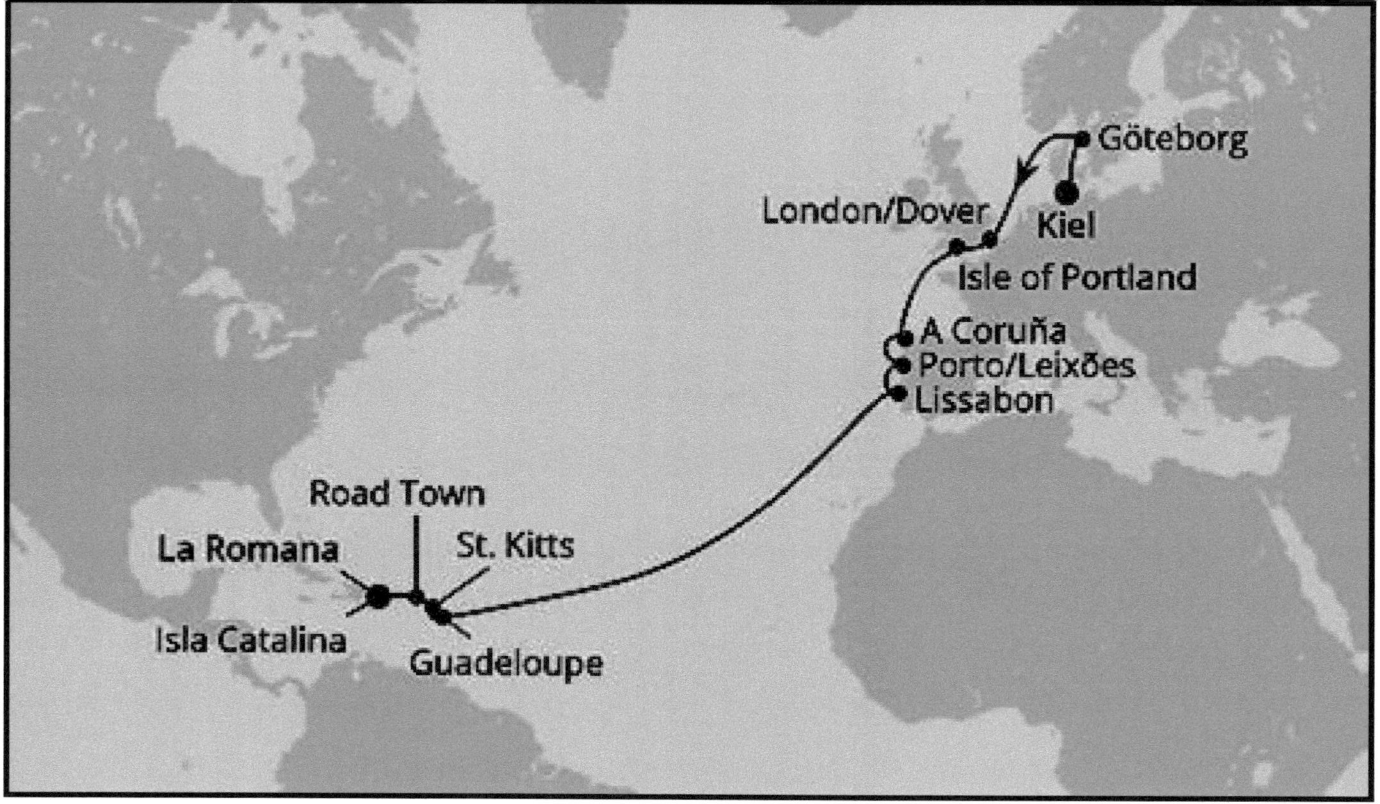

Göteborg
Kiel
London/Dover
Isle of Portland
A Coruña
Porto/Leixões
Lissabon
Road Town
La Romana
St. Kitts
Isla Catalina
Guadeloupe

Kreuzfahrt
Von Kiel in die Karibik

Meine Frau ist ein wenig traurig, weil sie so gerne mal wieder eine Kreuzfahrt mit der Aida in der Karibik unternehmen will und noch nichts Adäquates gefunden hat. Dabei habe ich ihr schon eine fantastische Reise von Kiel bis in die Karibik vorgeschlagen, aber irgendwie ist sie nicht darauf eingegangen. Nach weiteren Monaten endloser Suche, kam Silvia auf meinen Vorschlag freudig zurück und wollte nun doch ganz schnell die genannte Kreuzfahrt buchen.

Wir haben Glück und es sind noch Kabinen auf dieser Kreuzfahrt buchbar. Es dauert nur ein paar Minuten am PC und alles ist im Kasten. Beim Reiseveranstalter Seereisedienst haben wir diese 22-tägige Kreuzfahrt auf der Aida Bella, ab Kiel, gebucht. Abermals fiel unsere Entscheidung für Aida, weil Silvia und ich sehr positive Erfahrungen mit der Reederei und dessen Schiffen haben, zudem gefällt uns das Gesamtpaket mit dem enthaltenen Rückflug, so wie den inkludierten Getränken zu den Mahlzeiten und dem Entfall einer zusätzlichen Servicegebühr.

Ganz besonders gut findet Silvia, dass die Bordsprache Deutsch ist und auch nur Durchsagen in dieser Sprache auf dem Schiff erfolgen. Denn auf den Schiffen u.a. mit der MSC oder Costa ist die Bordsprache italienisch und alle Durchsagen erfolgen in dieser Sprache, sowie in Französisch, spanisch, portugiesisch, englisch, russisch, polnisch, chinesisch, … usw. und das nervt einen ganz gewaltig.

Nachdem die gebuchte Reise über unser Reisebüro bezahlt ist, kommen die korrekten Unterlagen von Aida, die wir alle selber ausdrucken müssen. Zudem ist es erforderlich sich online über das Bordmanifest der Reederei seine persönlichen Daten einzugeben. Da aktuell Corona nicht mehr ein Thema auf Reisen ist, brauchen wir auch keine Impfdaten für diese Kreuzfahrt zur Verfügung stellen und die damit verbundene Papierarbeit entfällt.

Weil nun, bezüglich der Traumreise auf der Kreuzfahrt mit der Aida, alles fest gebucht und bezahlt ist, kümmern wir uns online um eine geeignete Zugverbindung nach Kiel. Wir finden ein echtes Schnäppchen und können am 26.10 um 6 Uhr ab Illingen in Württemberg für 53,80 € für zwei Personen mit der Bahn nach Kiel fahren und sind bereits schon um 13:34 Uhr vor Ort.

Uns ist es sehr wichtig einen Tag vor der Kreuzfahrt mit dem Zug anzureisen, weil die DB in den letzten Jahren immer unpünktlicher wird, sogar ganze Verbindungen kurzfristig komplett abgesagt, oder gar gestreikt wird und es deshalb total ungewiss ist wie man sein Reiseziel überhaupt erreicht. Um entspannt zu reisen und nicht unter Zeitdruck oder Stress zu geraten, können wir dieses Vorgehen nur jedem Kreuzfahrer wärmstens empfehlen.

Anschließend haben wir das Hotel Hampton By Hilton Kiel für eine Nacht mit Frühstück für 92,07 € gebucht. Dies ist ein sehr guter Preis, der deshalb zustande kommt, weil wir das Hotel lange vor der Reise gebucht haben. Hervorzuheben sind in diesem Haus die großen und schön eingerichteten Zimmer, sowie das sehr umfangreiche und qualitativ hochwertige Frühstück, das in Form eines Buffets kredenzt wird.

Weil wir sehr neugierig sind, schauen wir uns gemeinsam nochmals die genaue Route der Kreuzfahrt und den ganz exakten zeitlichen Tagesplan an, dadurch können wir uns besser entscheiden, welcher Landausflug an welchem Tag optimal ist. Natürlich sind die Geschmäcker und Interessen verschieden und so bleibt eine lebhafte Diskussion nicht aus. Aber am Ende werden wir uns unter Berücksichtigung aller Daten, Fakten und Wünsche einig. Weil wir erfahrene Kreuzfahrer sind, wissen wir natürlich, dass dies alles unter Vorbehalt ist, denn nicht selten kommt es vor, dass ein Hafen nicht angelaufen werden kann / darf, weil das Wetter oder die Behörden einen Strich durch die Rechnung machen. Dies ist immer dann besonders schade, wenn es ganz neue persönliche Ziele oder Anlegestellen betrifft.

Route der Kreuzfahrt von Kiel in die Karibik:

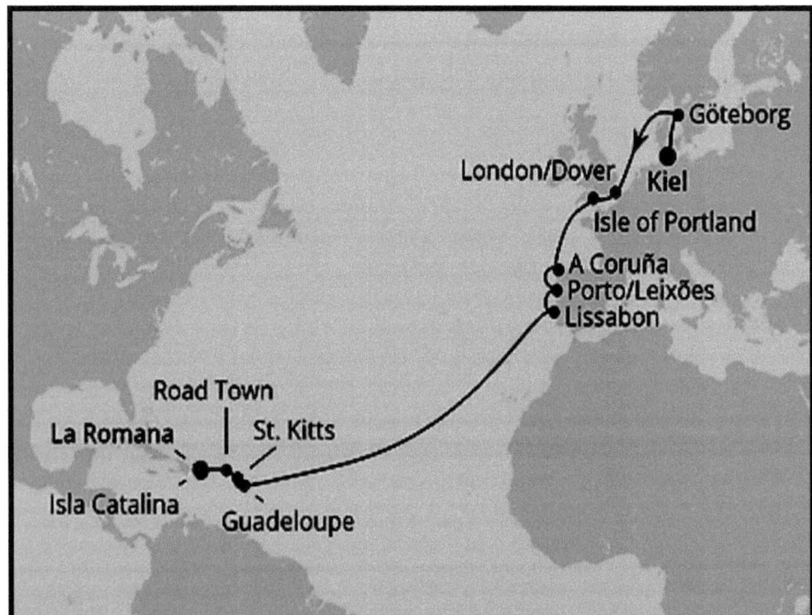

Exakter Tagesplan der Kreuzfahrt mit Datum und Uhrzeit:

Datum		Hafen	Land/Insel	Ankunft	Abfahrt
So.	27.10	Kiel	Deutschland		18:00
Mo.	28.10	Göteborg	Schweden	9:00	18:00
Di.	29.10	Auf See			
Mi.	30.10	Dover	England	7:00	20:00
Do.	31.10	Isle of Portland	England	9:00	18:00
Fr.	01.11	Auf See			
Sa.	02.11	A Coruña	Spanien	8:00	17:30
So.	03.11	Porto/Leixões	Portugal	9:00	19:00
Mo.	04.11	Lissabon	Portugal	9:00	19:00
Di.	05.11	Auf See			
Mi.	06.11	Auf See			
Do.	07.11	Auf See			
Fr.	08.11	Auf See			
Sa.	09.11	Auf See			
So.	10.11	Auf See			
Mo.	11.11	Auf See			
Di.	12.11	Pointe-à-Pitre	Guadeloupe	10:00	20:00
Mi.	13.11	Basseterre	St. Kitts	8:00	18:00
Do.	14.11	Roadtown	Tortola	7:00	16:00
Fr.	15.11	Isla Catalina	Dom. Republik	11:00	19:00
Sa.	16.11	La Romana	Dom. Republik	8:00	22:00
So.	17.11	Frankfurt	Deutschland	9:00	

Die Wahl und die Lage der Kabine ist auf Kreuzfahrtschiffen immer ganz besonders wichtig. Wer den Luxus liebt und es sich leisten kann, der wählt die beste Kategorie der "Deluxe-Suite mit privatem Sonnendeck". Diese Art der Kabine ist natürlich sehr groß und luxuriös, aber dafür kostet sie auch am meisten. Dann gibt es weitere Suiten in den unterschiedlichen Klassen, danach folgen die Balkonkabinen, die einen ganz guten Standard aufweisen. Die nächste Klasse sind die Außen-kabinen, die keinen Balkon besitzen, dafür aber ein Fester mit Blick auf das Meer bieten. Die einfachste und günstigste Art auf dem Kreuzfahrtschiff zu nächtigen, ist die in einer Innen-kabine, die weder Balkon noch ein Fenster besitzt.

Die richtige Kabinenwahl nach Preis und Ausstattung ist die eine Seite, die andere ist die Lage der Kabine. Wer empfindlich bei Wellengang oder Seekrankheiten ist und auch bei etwas rauer See noch gut schlafen möchte, der sollte sich eine Kabine im Schwerpunkt des Schiffes aussuchen. Damit meine ich, sie sollte mittschiffs liegen, also nicht vorne oder hinten und in der Mitte der vielen Stockwerke auf den modernen und großen Kreuzfahrtschiffen. Übrigens heißt das bei Schiffen nicht vorne und hinten, sondern Bug und Heck. Die rechte Seite nennt der Seemann Steuerbord und die linke Schiffsseite Backbord. Wer sich trotzdem ganz Richtung Bug eine Kabine auswählt, der sollte bei Seegang damit rechnen, dass es ordentlich Auf- und Abwärtsbewegungen geben kann, ebenso sind manchmal Geräusche von der Brücke (Navigations- und Steuerzentrum des Schiffes), so wie das Aufschlagen der Wellen zu hören. Richtung Heck der Kreuzfahrtschiffe könnte es Motor-geräusche geben und ebenfalls bei Seegang höhere Schiffs-bewegungen. Direkt am Heck, also quer zur Fahrtrichtung liegen die Kabinen sehr schön, aber man sieht immer nur nach hinten und bei manchen Schiffen und entsprechender Windrichtung muss mit den Abgasen der Dieselmotoren aus den Schornsteinen des Schiffes gerechnet werden. Wer in das oberste Deck, so heißen die Stockwerke auf einem Schiff, seine Kabine bezieht, der muss im ungünstigsten Fall mit Pump-geräuschen des Pools oder gar Trittgeräusche durch die Passagiere auf den Sonnendecks rechnen. Ebenso ist zu beachten, dass Kabinen direkt neben den Aufzügen, den Küchen, den Klimaanlagen und Versorgungseinheiten, den Bars oder sonstigen Vergnügungseinrichtungen eventuell mit Geräuschen zu rechnen ist. Das hört sich jetzt alles ein wenig negativ an, aber auf den modernen und neueren Kreuzfahrt-schiffen wird bei der Konstruktion auf solche Details geachtet und man versucht diese zu eliminieren. Im allerschlimmsten Fall hilft in der Regel das Schiffspersonal gerne mit einer besseren Kabine aus, wenn dies möglich ist.

Ganz entscheidend ist auch die richtige Seite des Schiffes bei einer Kreuzfahrt zu wählen, dies fängt an mit der Sonnen- oder Schattenseite und endet mit der schönen Sicht auf die Inseln oder ggf. "nur" die Sicht auf das Meer, was viele bewusst wählen, um die Seele baumeln zu lassen und die Ruhe zu genießen.

Drei Wochen vor der Reise diskutieren wir abermals um die Ausflüge auf der Aida Bella zu ergänzen und uns im Detail zu informieren, denn es gibt die Möglichkeit über die Reederei Aida jetzt noch Ausflugspakete zu buchen, die sogar etwas günstiger sind, als bei den Buchungen direkt auf dem Kreuzfahrtschiff vor Ort.

Da wir schon sehr oft mit den Kreuzfahrtschiffen unterwegs waren, wissen wir, dass selbst geplante Ausflüge mit zwei oder gar vier Personen deutlich günstiger sind als diese auf dem Schiff angebotenen werden. Zudem können solche halb- oder ganztags Touren komplett individuell zugeschnitten werden und Pausen oder Aufenthalte sind frei nach eigenem Belieben einzuteilen. Für behinderte Menschen, Alleinreisende, ängstliche Personen, oder Gäste die es sehr bequem haben wollen, ist es ratsam die Tagesausflüge über die Reederei vorab oder auf dem Kreuzfahrtschiff direkt zu buchen.

Zwei Wochen vor der Kreuzfahrt sehe ich auf dem linken Auge auf einmal ganz plötzlich immer wieder schwarze Flecken, die ganz wild auf dem Sichtfeld unsystematisch erscheinen und sich bewegen. Deshalb rufe ich sofort meinen Augenarzt an und frage ihn, ob er sich mein linkes Auge mal anschauen kann. Ganz überraschend und ohne Termin soll ich sofort nach dem Telefonat mit dem Augenarzt in seine Praxis kommen und er untersucht mich gleich. Fünfzehn Minuten später bin ich vor Ort und werde nach der Anmeldung direkt in den Behandlungsraum geführt und untersucht. Mein Augenarzt schaut anschließend sehr ernst und trüb, teilt mir dann mit, dass ich sofort meine Tasche packen muss und nach Stuttgart in das Katharinenhospital zur Notoperation eingeliefert werde. Er ruft direkt dort an und klärt alles persönlich ab. Wenn ich nicht sofort operiert werde, dann verliere ich mein Augenlicht für immer, denn die Netzhaut hat sich schon extrem stark vom

Auge abgelöst und wird deshalb nicht mehr versorgt und droht abzusterben.

Kaum Zuhause angekommen, packe ich eilig meine Tasche für das Krankenhaus und fahre direkt dorthin. Nach vier Stunden intensiver Untersuchung beider Augen erfahre ich das Ergebnis. Mein linkes Auge ist soweit geschädigt, dass tatsächlich nur noch eine sofortige Operation mein Augenlicht retten kann und das die Erfolgsquote nur bei 80 % liegt, in den restlichen 20 % hilft die OP nicht mehr. Als ich das höre breche ich innerlich zusammen, denn ich bin ein Augenmensch und lebe von den schönen Dingen die ich mit meinem Augenlicht sehen darf. Es wird mir mitgeteilt, dass bei der OP das Auge leergeräumt wird und ein Langzeitgas eingebracht wird, mit dem man versucht die abgelöste Netzhaut wieder an die Innenseite des Augapfels zu drücken, in der Hoffnung das diese wieder anwächst und vom Körper versorgt wird. Das Langzeitgas ist in der Regel acht Wochen im Augapfel und wird langsam wieder durch die natürliche Augenflüssigkeit ausgetauscht, bis es letztendlich ganz verschwindet. In dieser Zeit darf ich nicht Fliegen und auch nicht höher als 1000 Meter über dem Meeresspiegel mich aufhalten, da sich sonst das Gas im Auge ausdehnt und mein Auge geschädigt wird. Somit nicht genug der schlechten Nachrichten, denn mein rechtes Auge ist auch kurz vor der Netzhautablösung, hier kann aber mit einer Laserbestrahlung die Netzhaut noch fixiert werden. Das war sehr hart und schockte mich, dann holte der behandelnde Arzt im Krankenhaus tief Luft und fuhr fort mit seiner Diagnose. Denn es kam noch schlimmer, er teilt mir mit das meine Seenerven vom grünen Star schon sehr dünn sind, mein Augendruck aber gut ist und deshalb erst weitere Langzeituntersuchungen durchgeführt werden müssen, um herauszufinden welches die Ursache des grünen Stars sind, denn ohne diese zu kennen kann nicht behandelt werden. Das war in meinem bisherigen Leben der schwärzeste Tag den ich jemals hatte. Meine kleine doch so friedliche und schöne Welt brach komplett zusammen, denn ich hatte furchtbare Angst mein Augenlicht zu verlieren und das ist für mich die Höchststrafe die man mir persönlich geben kann, denn wie schon geschrieben lebe ich für und von den schönen Dingen die ich sehen darf.

So werde ich gleich am nächsten Morgen eineinhalb Stunden am linken Auge operiert und am rechten Auge einen Tag später gelasert. Nach vier Tagen darf ich die Augenklinik im Stuttgarter Katharinenhospital wieder verlassen und kann auf dem linken Auge nichts sehen, weil sich das Gas im Augapfel befindet.

Die Kreuzfahrt kann ich nun abschminken, weil ich nicht mit dem Flugzeug zurückfliegen darf und falls es Komplikationen gibt, kein Augenarzt, oder gar eine Augenklinik auf der Reise zur Verfügung steht. Nun stellt sich die Frage was wir machen wollen, die Kreuzfahrt komplett absagen, oder Silvia tritt die wunderschöne Reise alleine an. Für die zweite Variante haben wir uns letztendlich entschieden.

Nun storniere ich meine Reise und bin froh, dass ich eine Reiserücktrittsversicherung besitze, die ich das erste Mal in meinem Leben in Anspruch nehme.

Meine Ausflüge werden storniert und Silvia bucht weitere Ausflüge auf der Aida hinzu, weil sie nicht alleine die Touren an Land unternehmen will.

Ein paar Tage vor der Abfahrt packt Silvia ihren Koffer. Weil es auf den Kreuzfahrtschiffen der Aida relaxed zugeht, können die Frauen ihre teuren Abendkleider für die Gala zu Hause lassen, das gilt auch für uns Herren, denn wir benötigen für diese Reise keinen Anzug oder die modernen italienischen Ausgehschuhe. Es wird leichte Sommerkleidung eingepackt, Waschutensilien, Badesachen, Sportsachen, Sonnenbrille, Hüte, Sonnenschutzcreme und die Schnorchelmasken müssen unbedingt in den Koffer. Der Reisepass darf auf keinen Fall vergessen werden und er muss mindestens noch sechs Monate vor Reiseantritt gültig sein. Natürlich kommt nicht nur der Reisepass in den Tagesrucksack, sondern auch die Krankenkarte, die Auslandskrankenversicherung, der Führerschein fürs Auto, die Visakarte, das Bargeld in Dollar und Euro, die Tabletten und weitere Medikamente, alle Reiseunterlagen, Kopien aller Pässe und Versicherungen, usw.. Alles andere kommt in den Reisekoffer, hier sind die Kofferanhänger von Aida anzubringen, damit das Gepäck vom Schiffspersonal vor die gebuchte Kabine des Schiffes abgestellt wird.

Da es bei uns im Oktober nicht mehr ganz so warm ist, wird natürlich auch eine Jacke und angemessene Kleidung für die ersten Tage, sowie die Waschutensilien für die Zwischenübernachtung, in den Tagesrucksack gepackt.

Letztendlich begleite ich meine Frau mit der schon gebuchten Fahrkarte bis nach Kiel in ihr Übernachtungshotel und fahre am Abend wieder mit dem Zug zurück nach Illingen. Wir schauen uns vor meiner Heimfahrt noch ein wenig die Hafenstadt Kiel an. Vom Hauptbahnhof bis in das gebuchte Hotel sind es nur rund fünfzehn Minuten zu Fuß und von dort weitere fünfzehn Minuten bis zur Anlegestelle der Aida Bella. So können wir nicht nur ein wenig von Kiel sehen, sondern auch schon den Hafen und die Abfahrtsstelle unseres Kreuzfahrtschiffes am nächsten Tag betrachten.

Silvia freut sich trotzdem auf diese Kreuzfahrt in die Karibik, auch wenn sie die Reise nun alleine antritt, dafür hat sie nun die Kabine für sich zur alleinigen Nutzung. Natürlich gönne ich ihr sehr gerne diese Reise, denn sie hat sich so sehr auf die Sonne und Wärme in der Karibik gefreut und die vielen schönen Dinge die sie nun erleben und sehen darf. Zuhause hüte ich über drei Wochen unser Haus und erledige alles was ich so machen darf. Denn körperliche Anstrengungen, Sport oder irgendwelche Tätigkeiten die den Blutdruck ansteigen lassen sind strengstens für mich verboten, weil sonst die Netzhaut nicht anwachsen wird.

Von Kiel, der Landeshauptstadt von Schleswig-Holsteins sind wir sehr positiv überrascht, denn die Hafenstadt mit knapp 250

000 Einwohnern hat einiges zu bieten. Als im 13. Jahrhundert der Ort gegründet wurde, wusste noch keiner, dass Kiel sich im Jahr 1900 zur Stadt entwickelt und heute die nördlichste Großstadt Deutschlands ist. Die Hafenstadt gehört zu den 30 größten Städten Deutschlands und ist kreisfrei, sie bildet das Zentrum der Kiel-Region.

Die Kiel-Region erstreckt sich hufeisenförmig um den Naturhafen Kieler Förde, der ein wichtiger Seehafen an der Ostsee ist. Der nördlichste Kieler Stadtteil, Schilksee, liegt direkt an der offenen Ostsee. Durch Kiel verläuft die bedeutende Wasserscheide zwischen Nordsee und Ostsee. Die Umgebung Kiels ist von Moränenhügeln geprägt und führt im Südosten in die Holsteinische Schweiz.

Kiel liegt an der recht flachen Ostsee, dem sogenannten Kieler Förde und ist Endpunkt der meistbefahrenen künstlichen Wasserstraße der Welt, dem Nord-Ostsee-Kanals. Die Hafenstadt ist traditionell ein bedeutender Marinestützpunkt. Bekannt ist Kiel durch die Kieler Woche, durch den Handballverein THW Kiel, den Fußballverein Holstein Kiel und durch die kulinarische Spezialität Kieler Sprotten, die auch sehr gerne von den Besuchern gekostet wird.

Von großer wirtschaftlicher Bedeutung ist neben dem Dienstleistungssektor die größte deutsche Werft der Thyssen Krupp Marine Systems und der schon erwähnte Kieler Ostseehafen. Hier fahren die Fähren nicht nur nach Skandinavien und ins benachbarte Baltikum, sondern starten Kreuzfahrtschiffe in die ganze Welt. In der Landeshauptstadt befindet sich der Sitz dreier Hochschulen, nämlich der Christian-Albrechts-Universität, der Fachhochschule Kiel sowie der Muthesius Kunsthochschule.

Unser Zug fährt fast pünktlich in den modernen lichtdurchfluteten Bahnhof von Kiel ein. Anschließend laufen wir durch die stark belebte Fußgängerzone zu unserem gebuchten Hotel.

KIELER BRAUEREI
KIELER BRAUEREI

AIDAnova

Käpt'n Flint
SEX
POINT

Wir checken dort schnell ein und legen das Gepäck ab, um uns anschließend ein wenig von Kiel anzuschauen.

Selbstverständlich steht auch das älteste noch erhaltene Gebäude der Stadt zur Besichtigung für uns an, es handelt sich hierbei um die St. Nikolai Kirche, die kurz nach der Stadtgründung durch Adolf IV von Schauenburg und Holstein um 1242 begonnen wurde zu bauen. Das komplett aus rotem Backstein gemauerte Gebäude wurde hundert Jahre später, im gotischen Stil, nach dem Vorbild der Petri Kirche in Lübeck umgebaut. Die dreischiffige Backsteinhallenkirche besteht nun aus einem langen Chor, sowie einem quadratischen Langhaus. Im Jahre 1486 brannte das evangelische Kirchenhaus durch einen Blitzschlag ab und wurde anschließend wiederaufgebaut. Anfang des 16. Jh. wurde der Turm durch den Anbau der Rat- und der Rantzau Kapelle in den Bau integriert.

In der Stadtmitte schauen wir uns u.a. das historische, sehr gut erhaltene und renovierte, Kieler Kloster an. Es handelt sich um ein 1242 gegründeten Franziskanerklosters, das in der Reformation unterging. Nach den Kriegszerstörungen im Zweiten Weltkrieg wurde es in veränderter Form als Theologisches Studienhaus Kieler Kloster wiederaufgebaut.

Kurz nach der Gründung der Stadt, stiftete Adolf IV. von Schauenburg der Ordensprovinz Dacia des 1210 gegründeten Franziskanerordens das Kloster, in dem er ab 1245 selbst lebte. Er war 1239 in Hamburg in den Franziskanerorden eingetreten, starb 1261 in Kiel und wurde in der Klosterkirche beigesetzt. Sein Grabstein konnte nach der Zerstörung der Kirche geborgen werden und befindet sich heute im Kreuzgang. So wurde ein kleiner Baustein der wichtigsten Personen, die jemals in Kiel gelebt hat, gerettet. Links von dem Kieler Kloster wurde auf dessen Grundstück eine lebensgroße bronzene Statue für den Graf Adolf IV von Schauenburg aufgestellt und ihm damit zu Ehren.

Sehr viele, eigentlich alle historischen Gebäude in Kiel sind mit dem roten Backstein gemauert, so auch das Rathaus und das Schifffahrtsmuseum. In diesem Museum, das direkt vor dem Hafen der Kreuzfahrtschiffe liegt, wird nicht nur die Seefahrthistorie bis zur Gegenwart u.a. an Hand von vielen Exponaten erklärt und gezeigt, sondern gibt es einen echten Leuchtturm vor dem Museum und einige historische Schiffe am Museumssteg zu bestaunen.

In Kiel gibt es sehr viele große und kleine Seen, der nächstgelegene See zum Hafen ist der „Kleiner Kiel", der wunderschön in die Landschaft der Stadt integriert ist. Unweit davon befindet sich der See Schreventeich.

Die Ein- und Ausschiffung für die Gäste der Kreuzfahrtschiffe erfolgt in der Regel über das ganz moderne Gebäude aus Stahl und Glas im „Port of Kiel", das direkt im Anschluss des Schifffahrtsmuseums am Ostseekai 28 liegt. Als wir uns dort alles anschauen, liegt das gewaltige und sehr schöne Kreuzfahrtschiff Aida Nova im Hafen. Das beeindruckende Schiff gehört zur Helios-Klasse von Carnival Corporation & plc. Und wurde im Dezember 2018 für die Reederei Aida in den Dienst gestellt. Im Jahr 2019 wurde es als erstes Kreuzfahrtschiff mit dem Blauen Engel für ein umweltfreundliches Schiffsdesign ausgezeichnet, dies liegt sicherlich daran, weil der Antrieb und die technische Versorgung durch Flüssiggas (LNG) sichergestellt werden.

Die Aida Nova, die in der Meyer Werft GmbH in Papenburg gebaut wurde, beeindruckt nicht nur durch eine Länge von 337 Meter und einer Breite von über 42 Meter, sondern auch mit seinen 20 Stockwerken, in denen 2 626 Kabinen integriert sind und 6 654 Passagiere Platz finden. Trotzdem hat das Schiff nur einen Tiefgang von max. 8,60 Meter. Auf diesem Kreuzfahrtschiff arbeiten rund 1 500 Mitarbeiter, die sich um das Wohl der Gäste kümmern, aber auch das Schiff mit den zwei Elektromotoren, mit über 37 000 KW / 50 306 PS, steuern. Noch stärker sind die Generatoren für die Energieversorgung, denn diese verfügen über eine max. Leistung von 61 760 kW / 83 970 PS. Trotz der gewaltigen Größe erreicht die Aida Nova eine Dienstgeschwindigkeit von über 17 Knoten, das entspricht ungefähr 31 km/h.

Kiel besitzt eine sehr bunte und lebhafte Innenstadt mit vielen gemütlichen Restaurants und Kneipen, eine davon ist die Kieler Brauerei, die sogar zu dieser kalten Jahreszeit auf den Bierbänken vor dem Gebäude gut besucht ist. Die traditionelle Kieler Brauerei ist nur unweit entfernt und in ein altes Wohngebiet integriert.

Zum Schluss laufen wir noch zur Bergstraße, dort befindet sich Kiels älteste und gleichzeitig meistbesuchte Vergnügungsstraße im Stadtteil Damperhof. Sie ist etwa 300 Meter lang und erstreckt sich von der Holtenauer Straße / Brunswiker Straße bis zum Kleinen Kiel, wo sie anschließend in den Martensdamm übergeht. Bekannt ist die Bergstraße nicht nur für die vielen Seeleute, sondern auch für interessierte Besucher der Stadt, vor allem wegen der Konzentration der Nachtclubs und Bars. Eine der bekannten Bars ist der Käpt'n Flint, die einfach nicht übersehen werden kann, auch wenn zu dieser Tageszeit fast alles noch geschlossen ist. In diesem Viertel haben sich ganz bestimmt schon sehr viele Matrosen vergnügt und die Zeit an Land genossen. Heutzutage mischen sich die Besucher der Stadt, oder die Tagesausflügler der Kreuzfahrtschiffe ebenfalls unter die interessierten Gäste in das verruchte Viertel, um die Atmosphäre zu genießen.

Wie schon gesagt sind wir von Kiel überrascht, denn diese Stadt wirkt auf uns sehr aufgeräumt, ordentlich, mit vielen historischen aber auch modernen Gebäuden und hat den Besuchern viel zu bieten. Zu Fuß kann sich auf kleinem Raum sehr viel angeschaut werden, dies gilt auch für Personen die schlecht zu Fuß oder gar gehbehindert sind, denn alles ist leicht auf ebenen Wegen und Straßen zu erreichen. Was mir persönlich besonders gut an Kiel gefällt sind die vielen kleinen Seen in der Stadt, die eine ganz besondere natürliche Atmosphäre und Ruhe ausstrahlen und natürlich der Hochseehafen, in dem es so viele und wunderschöne Schiffe zu bestaunen gibt. Alleine der Gedanke daran, wie viele Menschen hier schon in die weite Welt gereist sind und so viele wunderschöne Dinge sehen dürfen, macht mich glücklich und zufrieden. Nur leider bin ich dieses Mal nicht dabei, das stimmt mich schon ein wenig traurig.

Silvia geht zu ihrem Hotel zurück, nach einer guten Nacht genießt sie das Frühstück und macht sich anschließend zu Fuß auf den Weg zu ihrem Kreuzfahrtschiff Aida Bella. Nach rund 15 Minuten erreicht sie das schöne Schiff und darf sogar schon einchecken.

Das Wetter ist an diesem Tag in Kiel wechselhaft, bei einem Mix aus Sonnenschein, Wolken und ein wenig Regen steigt das Quecksilber gerade mal auf maximal 13 °C.

Das Einchecken funktioniert bei der Aida immer recht schnell und unkompliziert. Das hatten wir bei anderen Reedereien schon sehr negativ in Erinnerung, mit langen Wartezeiten, heftigem Gedränge und Schupsen, so dass die Nerven beim Einchecken schon blank liegen.

An Bord der Aida Bella bringt Silvia ihr Handgepäck in ihre Kabine und nimmt gleich an der vorgeschriebenen Seenotrettungsübung teil. Diese besteht darin, dass sie mit der angelegten Rettungsschwimmweste aus der Kabine vor den Rettungsbooten auf Deck 5 erscheint, eine kurze Einweisung vom Schiffspersonal erhält und ihre Anwesenheit mit der Bordkarte gescannt wird. Sie war wieder sehr erstaunt, dass dies so ganz ohne Wartezeiten funktioniert, denn bei anderen Reedereien muss man lange in Reihe und Glied stehen, bis endlich einer der Schiffsbesatzung in allen möglichen Sprachen die Einweisung zelebriert. Hier wird dies mit wenigen Worten zügig und verständlich in deutscher Sprache durchgeführt. Nach diesem Pflichtprogramm legt sie die Rettungsschwimmweste wieder in ihre Kabine und läuft zum Mittagessen in das Markt Restaurant auf Deck 9.

Das Essen im Markt Restaurant ist wie immer sehr gut und das Konzept sich selber einen Sitzplatz zu suchen und sich am Buffet zu bedienen gefällt ihr ausgezeichnet. Das erste inkludierte Bier schmeckt ganz hervorragend und so schlemmt sie an diesem Mittag sehr gemütlich und freut sich auf das große Abenteuer von Kiel über Europa bis in die Karibik.

Nach dem Mittagessen steht auch schon das Gepäck vor der Kabine und sie kann dieses in die vorgesehenen Schränke einräumen. Danach stellt sie ihr Handy ein, denn sie hat das Programm Social Media gebucht, dass pro Handy 80 Euro für diese Reise kostet. Die Verbindung herzustellen ist nicht ganz so einfach und es bedarf in ihrem Fall, das erste Mal die Hilfe an der Rezeption, auch wenn es im Bordjournal sehr gut beschrieben ist. Danach klappt es gut, leider stellt sie über die gesamte Dauer der Reise immer wieder fest, dass man sich oft neu einwählen und verbinden muss, was nicht ganz so einfach ist. Hier gibt es deutlich bessere und einfachere, so wie schnellere Systeme. Dies liegt darin begründet, dass auf dem Schiff Bella das System ein wenig veraltet ist und noch eine Modernisierung bevorsteht. So teilt ihr das Personal an der Rezeption dies mit.

An der Kabinentür entdeckt sie gleich zu Anfang das Schiffsjournal "AIDA HEUTE", das viele wichtige Informationen den Gästen weitergibt. Das täglich erscheinende Journal sagt etwas aus über das Wetter, die anstehende Etappe, Infos vom Kapitän oder dem Schiffspersonal, kulinarische Angebote und Besonderheiten, Entertainment, Angebote verschiedener Programme an Bord, Öffnungszeiten aller Restaurants und anderen Bordeinrichtungen, so wie etwas zu Ausflügen und Neuigkeiten an Bord, aus.

Heute steht darin u.a. vom Hoteldirektor des Schiffes ein herzliches Willkommen an Bord, wann die Willkommensparty stattfindet und das wir 237 Seemeilen (439 km) bis zu unserem nächsten Ziel der Stadt Göteborg in Schweden zurücklegen werden. Dass alle bis spätestens 17:00 Uhr an Bord sein müssen und die Aida Bella um 18:00 Uhr ablegt. Der Sonnenaufgang um 7:12 Uhr und der Sonnenuntergang um 16:54 Uhr zu sehen ist und der Tag wechselhaft bei 13 °C verläuft. Natürlich fehlt auf einem Schiffsjournal auch nicht die genaue Lage, denn Kiel befindet sich exakt 54°19' Nördlicher Breite und 10°8' Westliche Länge. In diesem Journal wird auch vom Sicherheitsoffizier darauf hingewiesen, dass das Schiff erst vom Hafen auslaufen darf, wenn alle Gäste an der Rettungsübung teilgenommen haben.

Nach der Besichtigung des Schiffes und der Abschiedsparty auf dem Deck erfreut sie sich noch an der Hafenausfahrt in Kiel. Anschließend genießt sie die gute Küche auf der Aida Bella im Marktrestaurant.

Am nächsten Morgen ist Silvia fit und freut sich auf das leckere Frühstück, natürlich wieder im Markt Restaurant auf Deck 9. Direkt hinten am Heck vor den großen Scheiben nimmt sie Platz und bedient sich am frischen Buffet. Es ist wie auch sonst immer alles sehr ansprechend und schön im Restaurant hergerichtet.

Für mich hätte ich mir wie meistens auf der Aida frischen geräucherten Lachs, Salami mit Pfefferrand, Käse mit Bärlauch, Orangenmarmelade, ein kleines heißes Wiener Würstchen mit Senf, ein weich gekochtes Ei und das alles würde ich zusammen mit einem frisch gebackenen Vollkornbrötchen mit Kürbiskernen, sowie einem Mohnbrötchen essen. Dazu trinke ich üblicherweise frischen Orangensaft mit Fruchtfleischstückchen und genieße den kredenzten Kaffee vom Tisch. Mein Obstteller würde aus ganz frisch geschnittener Papaya und Mango mit zwei Löffel Naturjoghurt bestehen und somit mein Frühstück am Ende abrunden. Aber leider bin ich diesmal nicht dabei und darf nur Zuhause von dem leckeren Frühstück auf der Aida Bella träumen.

Silvia holt sich die Leberwurst mit Apfelstücken, Weichkäsestücke, geräucherten Schinken, Himbeermarmelade und ein großes Omelett zu ihren zwei Brötchen, die immer sehr frisch, knackig und lecker sind. Aida hat mit Abstand die besten Brötchen auf See. Nun will ich nicht alles aufzählen was es tolles zum Frühstück gibt, aber hier findet jeder was, vom Spiegelei, Omelette, hart und weich gekochte Eiern, über Wurst, Käse, Fisch, gebratenem Fleisch, Gemüse, Müsli, Marmeladen, Honig, Obst, Joghurt bis hin zum Milchreis gibt es eine sehr große Auswahl an guten und gesunden Produkten.

Auf diesem Kreuzfahrtschiff, das im Jahre 2008 in den Dienst gestellt und damals für 315 Millionen Euro in der Meyer Werft in Papenburg gebaut wurde, gibt es drei Buffet-Restaurants, zwei Spezialitäten-Restaurants und ein À-la-carte-Restaurant. Das Markt Restaurant auf Deck 9, das Weite Welt Restaurant auf Deck 10 und das Bella Vista Restaurant auf Deck 11 am Heck des Schiffes gehören zu den Buffet-Restaurants. Hier sind alle Tischgetränke wie Bier, Rot- und Weißwein, so wie die Softgetränke zum Essen im Preis enthalten. In dem Spezialitäten-Restaurant Almhütte gibt es typische Bierzelt-gerichte wie halbe gegrillte Hähnchen, Ente, Schweinshaxen, Bratwurst oder panierte Schnitzel, natürlich mit den ent-sprechenden Beilagen, so wie den Vor- und Nachspeisen. Das Restaurant ist ganz traditionell im natürlichen Holzstyle eines typischen Gasthauses in Bayern oder Österreich ausgestattet. Uns hat es dort immer sehr gut gefallen, zumal die halbe Ente "Knuspriger Schnabler" oder der Schweinshaxen einfach super schmecken. Im Spezialitäten-Restaurant Best Pizza @ Sea auf Deck 11, im Heck, gibt es Pizza wie der Name schon sagt. In den Spezialitäten-Restaurants ist das Essen inkludiert, aber die Getränke müssen separat bezahlt werden. Im À-la-carte-Restaurant Buffalo Steak House auf Deck 10 sind alle Speisen und Getränke separat zu bezahlen.

In dem 252 Meter langen und 38 Meter breiten Schiff, das einen Tiefgang von über 7 Meter hat und von zwei elektrischen Propellermotoren mit rund 49 000 PS bis auf eine Höchst-geschwindigkeit von 21,8 kn (40 km/h) angetrieben wird, gibt es in der Mitte des Schiffes ein rundes Theater, mit versenkbaren Bühnen, das auf mehreren Stockwerken von einer Glasfassade umrahmt wird. Auf dem Sonnendeck befinden sich Whirlpools und Swimmingpools, so wie ein separater Nacktbereich und ein getrennter Spa-Bereich mit Sauna, der separat bezahlt werden muss. Auf dem gesamten Schiff kümmern sich 607 Mitarbeiter um die Gäste die in 1025 Kabinen und Suiten untergebracht sind. Für die Nachtschwärmer und Menschen die gerne tanzen, stehen 11 Bars in unterschiedlicher Größe und Mottos zur Verfügung. Die Cocktails und alle anderen Getränke in diesen Bars sind nicht im Reisepreis inkludiert und müssen separat bezahlt werden. Für die Sportler unter den Gästen steht ein großer und moderner Fitnessraum mit der neusten Sportgeräteausstattung kostenfrei zur Verfügung. Dort werden auch Handtücher inkludiert bereitgestellt, dies gilt auch für das Sonnendeck.

Für Gäste die es tagsüber aktiv oder gesellig mögen, gibt es auf der Aida Bella von 9 Uhr bis 22 Uhr eine Fülle von Aktivitäten, die alle im "AIDA HEUTE" aufgeführt sind.

Parallel zum Frühstück fährt das Kreuzfahrtschiff Bella durch die vielen unzähligen kleinen Inseln, die sich Schären nennen, vor Schwedens Küste. Eine Schäre, die in Schwedisch skär genannt wird, ist eine kleine felsige Insel, die früher durch die Eiszeiten entstand. Das von Skandinavien ausgehende Inlandeis überströmte und schliff die darunterliegenden Gesteinsmassen und so bildeten sich über die Jahrtausende die abgerundeten flachen Schären. Nach dem Rückgang des Eisschildes stiegen die geschliffenen Felsen im Zuge der Landhebung auf und bildeten diese Inseln. Schären können eine Fläche von nur wenigen Quadratmetern bis einige Quadratkilometer groß sein und es bilden sich häufig Gruppen von hunderten einzelner Inseln. Ein Teil der größeren Schären sind bewohnt und werden u.a. auch landwirtschaftlich oder vom Tourismus genutzt. Im Deutschen wird oft die Bezeichnung Schärengarten verwendet, weil die Gruppen wie ein Garten vor einem Haus, in diesem Fall vor dem Festland wirken. Das Bild das sich den Gästen der Aida Bella zeigt ist wunderschön und besonders beeindruckend ist die gewaltige Schiffsgröße zu den kleinen Schären. Viele Gäste sind auch sehr erstaunt wie sich das große Schiff durch die kleinen Inseln durchschlängelt.

Kurz vor neun Uhr legt die Aida Bella pünktlich im Hafen von Göteborg an. Zuvor hat Silvia sich noch ein Ticket für den Shuttle Bus für 18 € gekauft, um vom Industriehafen bis in die City der Stadt zu gelangen. Leider ist das Wetter sehr wechselhaft und deshalb tut man gut daran einen Regenschirm mitzunehmen. Natürlich sollte man auch Geld, sowie den Bordausweis der Aida Bella mit sich führen.

Göteborg ist nach Stockholm und vor Malmö die zweitgrößte Stadt Schwedens mit fast 597 000 Einwohnern, denselben Rang nimmt auch Storgöteborg (zu Deutsch Groß-Göteborg) ein, weil sie 13 Gemeinden umfasst und die Metropolregion mit fast 1,1 Mio. Einwohnern für Schweden sehr bedeutend ist.

Für das industrielle Wachstum Göteborgs war die Entstehung von Unternehmen wie SKF im Jahre 1906 mit der Wälzlagerherstellung ein wichtiger Schritt. Später begann SKF im Jahre 1926 auch mit der Herstellung von Automobilen, unter dem heute noch bekannten Namen Volvo, der aktuell immer noch den größten Betrieb in Göteborg betreibt.

Göteborgs Werften waren bis in die 70er Jahre ein ganz wichtiger wirtschaftlicher Faktor der Stadt. In der späteren Werftenkrise konnten sich die Werften gegen die internationale Konkurrenz, vor allem aus Südostasien nicht mehr behaupten, so dass der Schiffbau in Göteborg wegbrach. Nach der Krise wurden die großen Werften geschlossen bzw. beschränkten sich auf die Instandhaltung von Schiffen. Inzwischen hat sich aus dem Anlagenbau und der Systemberatung heraus eine neue Exportlinie mit Verbindungen in viele weltweit wichtige Standorte der Petrochemie entwickelt.

Der Hafen von Göteborg ist der größte Exporthafen Nordeuropas und ganzjährig eisfrei. Hier werden jährlich über 42

Mio. Tonnen Güter umgeschlagen, darunter rund ¼ Mio. Fahrzeuge. Auch im Umschlagen der Container im Containerhafen von Göteborg steht die Stadt auf Platz 1 in Skandinavien. Zudem werden Güter zur Energieerzeugung, so wie sehr viele Tonnen Forstprodukte in Form von Holz umgeschlagen. Des Weiteren stellt Göteborgs Hafen wichtige Fährverbindungen nach Dänemark, Deutschland und den vorgelagerten Schären. Autofähren verbinden die großen Schären, so das auch hier der Straßenverkehr sich gut entwickeln kann. Nicht unerheblich sind die Kreuzfahrtschiffe, die täglich anlegen und tausende Touristen mitbringen, die die Wirtschaft in Göteborg ankurbeln und zudem ordentliche Einnahmen von Hafengebühren in die Staatskassen einbringen.

Sehr interessant ist auch der 390 km lange Trollhätte-Kanal, der mit dem Göta-Kanal künstlich angelegt wurde und eine wichtige befahrbare Wasserstraße quer durch Schweden, bis in die Ostsee, bildet.

In geeigneter Kleidung und mit einem Schirm verlässt Silvia das Schiff, so ganz ohne Wartezeit. Es muss nur kurz der Bordausweis gescannt werden und dann geht es schon von Bord des Schiffes. Anschließend steigt sie in den bereitgestellten Bus und fährt ein paar Kilometer weit in die City von Göteborg. Weil sie sich innerhalb Europa befindet werden keine behördlichen Kontrollen beim Verlassen des Schiffes durchgeführt. Gleich beim Ausstieg des Busses befindet sich ein Infozentrum der Stadt Göteborg und dort darf man sich kostenfrei einen schönen großen Stadtplan mit allen wichtigen Sehenswürdigkeiten der Stadt mitnehmen. Es gibt in dieser bunten Stadtkarte 36 empfohlene und sehenswerte Ziele, wobei sich die meisten auf kurzem Weg in der inneren City befinden. Hier werde ich nicht alle Sehenswürdigkeiten beschreiben, sondern nur die die auch persönlich besichtigt werden. Wer sich nicht zutraut die City selbst zu Fuß zu erkunden, oder Schwierigkeiten mit dem Gehen hat, der kann auch den kostenpflichtigen blau-weißen oder rot-schwarzen Touristenzug nehmen und sich durch die Stadt fahren lassen. Mit kleinen

Kindern ist das sicherlich auch eine ganz tolle Sache, zumal sie dann nicht laufen müssen.

Göteborg ist heutzutage ein kulturelles Zentrum mit Großstadtatmosphäre, das deutlich zum Großteil ländlich geprägten Umland kontrastiert. Im Zentrum befinden sich als Relikt der ursprünglichen Festungsanlage zahlreiche kleine befahrbare Kanäle und schöne alte Bauwerke, die alle sehr gut erhalten sind.

Als Besucher bewegt man sich am besten zu Fuß oder mit dem Fahrrad durch die Stadt, insbesondere rund um den Järntorget im Westen der Innenstadt, oder wie schon geschrieben mit den kleinen bunten Touristenzügen.

Göteborg ist für seine lebendige und vielfältige Kaffeehauskultur bekannt. Das alte Viertel Haga bietet zahlreiche Möglichkeiten, dies zu erleben. So lässt sich hier eine leckere Tasse Kaffee oder ein Bierchen in gemütlicher Atmosphäre genießen. Ein großbürgerliches Ambiente, das leicht an die Wiener Ringstraßenbauten erinnert, zeigt das interessante Vasa-Viertel.

Mitten im Zentrum befindet sich der repräsentative Gustav Adolfs Torg Platz mit einem Denkmal des Stadtgründers König Gustav II Adolf, der von 1594 bis 1632 lebte. Um ihn herum stehen viele weitere sehenswerten Gebäude. Dazu gehört u.a. auf der Nordseite das 1760 gebaute Wenngrenska Huset, dem 1759 fertiggestellten Haus der Stadtwache (Stadshuset) sowie dem 1849 eingeweihten Gebäude der ehemaligen Börse. In allen drei gut erhaltenen Gebäuden ist heutzutage die Verwaltung der Kommune Göteborg untergebracht. Die Westseite des Platzes in der Altstadt wird vom 1672 gebaute Rathaus der Stadt begrenzt. Der Platz existiert seit der Gründung der Stadt Göteborg im Jahr 1621, aber er trägt den Namen Gustaf Adolfs Torg erst seit der Enthüllung des königlichen Standbildes im Jahr 1854. Bis dahin nannte man diesen Platz Stortorget, der große zentrale Marktplatz Göteborgs, auf dem die Bauern aus der Umgebung ihre Waren anboten, die zum größten Teil über den an der Südseite des Platzes gelegenen Stora Hamnkanalen herangebracht wurden. Bis 1865 besaß der Platz eine eigene Entnahmestelle für die öffentliche Trinkwasserversorgung, die über eine rund fünf Kilometer lange hölzerne Leitung aus der Kallebäcks-Quelle in der Nähe des Naturschutzgebietes Delsjö-området gespeist wurde. Zudem stand auf dem Stortorget der große Pranger, an dem die öffentlichen Bestrafungen vollzogen wurden, die zu damaligen Zeiten im Rathaus des ansässigen Amtsgericht verhängt wurden.

Die Oper Göteborgs (Göteborgsoperan) ist ein ganz modernes Opernhaus das gleich neben dem Stadtzentrum in Lilla Bommen, am Ufer des Flusses Göta, liegt. Das Gebäude wurde von Jan Izikovitz entworfen und besitzt eine Fläche von rund 28 700 Quadratmeter, sowie eine beeindruckende Höhe von über 32 Meter. In der Oper befinden sich zwei große Bühnen und sein Hauptzuschauerraum misst rund 500 Quadratmeter, er verfügt über 1300 Sitzplätze für seine Gäste. Der Innenraum und die Bühne werden von über 1000 Scheinwerfern beleuchtet. Die Einweihung fand im Jahre 1994 mit dem Stück Aniara von Harry Martinson statt. Neben den Opern werden auch Ballette, Musicals und Shows in dem Haus aufgeführt.

Im Hafen liegt ein wunderschöner weißer Windjammer mit vier Masten, der sehr so schön an die alte Zeit des Hafens erinnert und ein echter Hingucker ist.

Das rote Backsteingebäude Kronhuset mit dem grün patinierten Kupferdach ist das älteste erhaltene Gebäude der Stadt, es wurde Mitte des 17. Jahrhunderts errichtet. Die gesamte Innenstadt ist als Reichsinteresse klassifiziert.

Der unübersehbare und sehr schöne Dom zu Göteborg, mit seinen vier hohen Rundsäulen am Haupteingang liegt im Zentrum der Stadt. Es ist die dritte Kathedrale die an der gleichen Stelle gebaut wurde. Die erste wurde 1633 zu Ehren von König Gustav II. Adolf eingeweiht, der ein Jahr zuvor in der Schlacht bei Lützen gefallen war. Sie ist eine bedeutende Bischofskirche des Bistums Göteborg.

Die ersten beiden Kirchen fielen in den Jahren 1721 und 1802 großen Stadtbränden zum Opfer. Nach dem letzten Brand erhielt der Architekt Carl Wilhelm Carlberg den Auftrag einen neuen Dom zu entwerfen, dessen Bau 1804 begonnen wurde. Bei der Einweihung 1815 durch Bischof Johan Wingård war der Dom noch nicht fertiggestellt, es fehlte noch der Kirchturm. Dieser wurde 1825 eingeweiht, jedoch dauerten die letzten Bauarbeiten am genannten Turm noch weitere zwei Jahre. Der Innenraum des Doms ist schlicht, aber sehr schön gehalten, so zieren zur rechten und linken Seite des Altars je zwei graue Rundsäulen das Zentrum, in dem sich zwei goldene Engel vor dem großen vergoldeten Kreuz verneigen.

Im Kirchturm des Doms hängen vier gewaltige Kirchenglocken, die gemeinsame mit dem Uhrwerk fast 16 Tonnen wiegen und somit so viel wie in keinem anderen Kirchturm in Schweden. Die Sonntagsglocke stammt aus dem Jahr 1815, auf ihr befindet sich eine Inschrift von Johan Olov Wallin. Diese beginnt mit den Worten „Komme in einen Raum, in dem der Herr angebetet wird. Er ist heilig, er ist das Himmelstor."

Vor dem beeindruckenden Dom, an der Västra Hamngatan, steht der alte Dombrunnen. Er ist einer der ältesten Trinkwasserbrunnen der Stadt und führt heute noch Wasser, von dem Passanten gerne trinken dürfen, denn die Wasserqualität ist hervorragend.

Ein interessantes Gebäude ist die Fischmarkthalle (Feskekörka), die im Jahre 1874 am Wallgraben im Stil einer gotischen Kirche errichtet wurde. Sie ist leicht zu entdecken und unverkennbar durch die jeweils sieben Spitzbögen auf jeder Längsseite des weiß bedeckten Gebäudes. Im Innern sind nicht nur Fisch und Meerestiere frisch zu erwerben, sondern können in den gemütlichen und hellen Räumen auch direkt vor Ort in

Restaurants und Bars probiert werden. Für Freunde der Meeresfrüchte ist dies hier ein Pflichtprogramm.

Der Regenschirm wird glücklicherweise nicht benutzt, auch wenn es in Göteborg oft danach aussieht. Für die kleine Runde in der Altstadt von Göteborg sind schnell über fünf Stunden vergangen, aber die Zeit ist gut investiert, weil es Spaß macht sich hier alles anzuschauen und auch das eine oder andere zu probieren.

Wieder an Bord ist die „AIDA HEUTE" schon an meiner Kabinentür und ich kann lesen, dass wir von Göteborg auf dem 57° 42' Nördliche Breite und 11° 57' Östliche Länge Schweden um 18 Uhr pünktlich bei maximal 11 °C und wechselhaftem Wetter verlassen. Bei der Ausfahrt genießen alle Gäste an Bord nochmals den wunderschönen Blick auf die Schären.

Das nächste Ziel, Dover/London in England, erreichen wir erst nach einem Seetag, dazu müssen noch 583 Seemeilen (1 080 km) zurückgelegt werden, um dann dort um 7 Uhr im Hafen von Dover anzulegen. Vor Ort müssen alle spätestens bis 19:30 Uhr an Bord sein und die Aida Bella legt um 20:00 Uhr ab. Der Sonnenaufgang erfolgt um 6:44 Uhr und der Sonnenuntergang um 16:31 Uhr. Der Tag verläuft wechselhaft bei 14 °C. Unsere ganz genaue Lage im Hafen ist 51°8' Nördliche Breite und 1°19' Östliche Länge. Die Gäste freuen sich schon auf die Weltstadt London, oder dem Hafenort Dover, beide Ziele haben ihren ganz persönlichen Charme. Aber zuerst dürfen wir einen ganz entspannten Seetag genießen. Da kann das Erlebte noch einmal ganz in Ruhe verarbeitet werden.

Am Abend bin ich wieder im Markt Restaurant auf Deck 9 und gönne mir ein ganz leckeres gegrilltes Rinderhüftsteak mit frischen grünen Bohnen im Speckmantel und Rosmarin-kartoffeln, anschließend den gut gegrillten Fisch mit frischem grünen Spargel. Den separaten Beilagen Teller stellte ich mit knackigen bunt gemischtem Salat und Gemüse zusammen, obendrauf folgt ein Dressing aus Joghurt und gekrönt wird das Ganze mit Kürbis- und Sonnenblumenkernen. Zum ersten Gang des Essens schmeckte mir das Bier recht gut, beim Fisch stellte ich auf Weißwein um. Zum Nachtisch esse ich frisches Obst und gönne mir drei verschiedene Kugeln italienisches Eis mit viel Sahne und Schokosplitter darüber. Da alles sehr lecker schmeckt, will ich bei der großen Auswahl an Essen nicht alle Gerichte aufzählen, sonst wird das Buch noch zu einem Kochbuch.

Nach dem Abendessen gehe ich noch ins Theater und lausche dem Interview vom Entertainment Manager Sascha Hahn mit dem Kapitän der Aida Bella namens Sven Laudan. Dieser hat einen ganz interessanten Werdegang hinter sich. Er kommt aus Rostock und hat seinen beruflichen Weg mit einer Lehre bei der Deutschen Seereederei in dieser Stadt durchgeführt und abgeschlossen. Danach war er als Vollmatrose auf den Weltmeeren unterwegs und absolvierte anschließend ein Studium für die Seefahrt in Warnemünde, mit dem Abschluss eines Diplom Ingenieurs mit der Zulassung einer Schiffsführung. Nach dem Studium ist er auf Versorgungsschiffen und Fähren gefahren, danach schnupperte er schon mal für fünf Jahre bei Aida hinein. Als nächstes arbeitete er als Lotse in Kiel und anschließend wieder bei Aida. Seit 2013 ist er verantwortlicher Kapitän auf den Kreuzfahrtschiffen der Aida Flotte. Sven Laudan wollte schon von Kindesbeinen an Kapitän werden, dies war immer sein Traumberuf. Er sieht seine wichtigste Aufgabe darin, dass er mit der Besatzung gut zusammenarbeiten kann und das Schiff im Griff hat. Am liebsten steuert er warme Häfen an, denn er friert nicht gerne. Nach der Arbeit ist seine größte Freude die italienische Eiscreme, die es ja genug auf dem Kreuzfahrtschiff gibt. Gegen Heimweh hilft bei ihm am besten viel Spaß an der Arbeit und ein gutes Team.

Kurz danach folg die Show der Aida Stars, das ist eine Artisten-, Tanz- und Gesangsvorstellung mit den ganz persönlichen Geschichten des Showensembles. Dort kann man erfahren, wo die Stars herkommen, wie der Weg zur Aida verlief und wie sie im privaten Leben aussehen. Es macht Spaß dort zuzuschauen und zuzuhören, denn so etwas sieht oder erfährt man nicht alle Tage.

Für mich geht es nach der Show ins Bett, denn nach dem anstrengenden Landgang und dem schönen Abendprogramm, sowie dem leckeren Essen, bin ich Todmüde und brauche meinen Schlaf.

Den Seetag genieße ich bei ordentlichem Wetter für diese Jahreszeit, zumindest aus meiner Sicht, denn Zuhause haben wir 2°C und hier immerhin 13°C bei einem Sonne- und Wolkenmix mit nur ganz vereinzelten kurzen Schauern. So faulenze ich fast den ganzen Tag an Deck im Liegestuhl und Sonne mich ein wenig. Unterbrochen wird dies nur von den Essensmahlzeiten, so wie der Kaffee- und Kuchenzeit an Bord der Aida Bella.

Für mich geht es nach der Show am Abend schon wieder ins Bett, denn nach dem gemütlichen Seetag folgt der interessante Landgang in Dover und da möchte ich ausgeschlafen und fit sein, zumal der Tag schon früh startet.

Dover ist eine Küstenstadt mit über 33 000 Einwohner und sie liegt in der südöstlichen Grafschaft Kent in England. Die Stadt hat einen wichtigen Hafen für Fähren nach Calais in Frankreich. Die kürzeste Entfernung in der Straße von Dover nach Frankreich beträgt rund 34 Kilometer zwischen South Foreland, nordöstlich von Dover, und dem Cap Gris-Nez nahe der französischen Hafenstadt Calais. Strategisch ist die Stadt Dover von je her sehr wichtig, da sie die kürzeste Seeverbindung zum europäischen Festland besitzt. Das beeindruckende mittelalterliche Castle oberhalb der Stadt Dover wurde erbaut, um Invasionen über den Ärmelkanal abzuwehren und hat weitläufige, geheime Kriegstunnel. Die berühmten weißen Kreidefelsen von Dover wirken wie symbolische Wächter an Großbritanniens Steilküste. Vom Vereinigten Königreich setzen jährlich mehrere Millionen Menschen nach Frankreich auf dem

Seeweg auf den Ärmelkanal über. Es gibt regelmäßige Fährverbindungen nach Calais und Dünkirchen. Die Eröffnung des
Eurotunnels im Jahre 1994 und das Ende der legendären
Hovercraft-Verbindung nach Calais im Jahr 2000 haben die
zentrale Rolle und wirtschaftliche Macht des Hafens etwas
vermindert.

Nach meinem leckeren Frühstück nehme ich am Ausflug mit
dem Bus DOV99 der Aida teil und für 42 € kann ich ganz
bequem die „White Cliffs of Dover" und das Landschaftsschutzgebiet „Samphire Hoe" besuchen.

Mit dem Bus ist es nur ein kleines Stück, zu den Kreidefelsen
von Dover, zu fahren. Da ich aber leider nicht mehr gut laufen
kann, bin ich froh, dass ich diesen Service nutzen kann.

Nachdem der Busfahrer uns vor Ort am Kreidefelsen von
Dover rausgelassen und unser Aida Guide den besten Weg zur
Besichtigung erklärt hat, dürfen wir in dem vorgegebenen Zeit-
fenster die Landschaft mit den berühmten Kreidefelsen selbst-
ständig erkunden.

Die Klippen bilden eine hellweiße, stellenweise über hundert
Meter hohe Kliffküste als Teil der britischen Küstenlinie am
Ärmelkanal entlang der Straße von Dover. Sie gehören zum
North-Downs-Hügelzug und sind der Kontinentaleuropa am
nächsten gelegene Teil Englands.

Die hellweißen und beeindruckenden Kreidefelsen sind bis zu
106 Meter hoch und ihre Front der Klippen verdankt ihr
Erscheinungsbild der Zusammensetzung aus reinem weißem
Kalk, durchsetzt mit schwarzem Feuerstein. Die Klippen
verlaufen östlich und westlich der Stadt Dover im County Kent,
einem alten und wie schon erwähnt immer noch bedeutenden
englischen Hafen der Stadt Dover. Vor allem von der Seeseite
aus, bei schönem Sonnenschein, wirkt die Felsfront am beein-
druckensten. Nach der steilen Felsküste folgt oben ein recht
flaches und grünes Plateau mit Grasland, das von den Schafen

kurz gehalten wir, nur vereinzelt sind hier ein paar Baumgruppen zu finden.

Ganz interessant ist die zu erfahrene Geologie der Kreidefelsen. Denn die Kreidefelsen setzten sich hauptsächlich aus Coccolithen zusammen und führen ihre Ursprünge auf die Kreide vor etwa 136 Millionen Jahren zurück, als sich das Gebiet zwischen Großbritannien im Westen und Schweden und Polen im Osten tief in tropischen Gewässern befand. Die Skelette von Korallen, Schwämmen und anderem kleinen Meeresgetier sanken als Sediment auf den Meeresgrund und begannen sich dort aufzuhäufen. Bis vor etwa 70 Millionen Jahren hatte dieser Prozess eine Masse von siliciumdioxidgeflecktem Kalk gebildet, der riesige Gebiete zwischen Großbritannien und der Ostsee bedeckte, weiße Felsen wie die von Dover, wenn auch kleiner, können auch auf den dänischen Inseln Møn und Langeland oder der Küste von Rügen in Deutschland gefunden werden. Die Kreideschicht befand sich während der Eiszeiten hoch über dem Meeresspiegel und war an manchen Stellen zusätzlich von Gletschern überzogen. Nach den Eiszeiten wurden sie dann dem steigenden Meer ausgesetzt. Durch die außergewöhnliche Weichheit des Kalks konnten die Gezeiten diese Landmasse seitdem in bedeutendem Ausmaß erodieren, unter anderem, um den Ärmelkanal zu bilden.

Die Front der Felsen wird bis heute weiterhin erodiert, pro Jahr geht etwa ein Zentimeter der Felsen verloren, wenn auch gelegentlich große Brocken mit wenig Vorwarnung in den Kanal fallen. Besucher sind deshalb angehalten, wenigstens fünf Meter vom Rand entfernt zu bleiben. So warnte uns auch unser Guide von der Aida.

Leider ist das Wetter an diesem Tag nicht so gut, denn es ist diesig und somit nicht gut für Landschaftsaufnahmen geeignet. Trotzdem ist die Landschaft sehr schön und beeindruckend für mich und meine Mitreisenden.

Nach der vorgegebenen Zeit erscheinen alle wieder pünktlich im Bus und es geht weiter zu unserem nächsten Ziel, dem Landschaftsschutzgebiet „Samphire Hoe". Nach einer kurzen Fahrt auf die andere Seite von Dover erreichen wir schnell unseren Haltepunkt und auch hier werden wir vom Aida Guide kurz eingewiesen und der Zeitpunkt der Rückfahrt wird genannt. Nun darf ich die schöne Landschaft alleine erkunden.

Samphire Hoe ist ein 30 Hektar großer Landschaftspark und liegt 3 km westlich von Dover in der Grafschaft Kent im Süd-osten Englands. Für den Park wurden 4,9 Millionen Kubik-meter Mergel aus den Ausgrabungen des Kanaltunnels verwendet . Er liegt am Fuße eines Abschnitts der White Cliffs of Dover . Das Gelände ist Eigentum von Getlink und wird vom White Cliffs Countryside Project verwaltet.

Die Herkunft des Namens Samphire Hoe ist nach der wilden Pflanze Queller benannt, die einst an den Klippen von Dover gesammelt wurden. Ihre fleischigen grünen Blätter wurden im Mai gepflückt, in Fässern mit Salzlake eingelegt und nach London geschickt, wo sie als Beilage zu Fleisch serviert wurden. Das englische Wort „Hoe" ist ein Stück Land, das ins Meer ragt. Der Name wurde von Frau Gillian Janaway, einer pensionierten Grundschullehrerin aus Dover, im Rahmen eines öffentlichen Wettbewerbs geprägt.

In den 80er Jahren wurde dieser Standort von 60 Vorschlägen als der geeignetste zum Abladen von Kreide aus den Aus-grabungen des Eurotunnels erachtet, und 1988 begannen die Arbeiten. Nachdem die 30 Hektar, aus denen der Park besteht, vollständig dem Meer abgerungen wurden, bestand die erste Arbeit darin, Mauern im Meer zu bauen, um eine künstliche Lagune zu schaffen. Der Tunnel wurde 1994 fertiggestellt und von Königin Elisabeth II. und dem französischen Präsidenten François Mitterrand eröffnet. Der Park wurde 1997 für die Öffentlichkeit zugänglich gemacht. Samphire Hoe ist der Standort der Kühlstation auf der englischen Seite des

Eurotunnels, die als Gegenstück zur französischen Station in Sangatte auf der anderen Seite des Kanals dient.

Der Park zieht derzeit jährlich rund 110 000 Besucher an, im Jahr 2021 waren es sogar 140 000. Zu den angebotenen Aktivitäten zählen u.a. Wandern, Radfahren, Angeln auf der Ufermauer und die Vogelbeobachtung. Der Park ist zwischen 7 Uhr am Morgen und bis zum Einbruch der Dunkelheit geöffnet. Der Eintritt ist frei und das Parken mit dem Pkw kostet 2 £. Der Park ist gut geeignet für Besucher mit dem Rollstuhl und für Schulen steht ein geeigneter Unterrichtsraum zur Verfügung.

Der beliebte Samphire Hoe dient als Wildschutzgebiet und verfügt über einen schönen Wanderweg, der einen kompletten Rundkurs von 2 Kilometern umfasst. Dieser Weg hat nur leichte Steigungen, die stellenweise etwas steiler sind. Der Naturpfad innerhalb des Hoe ist asphaltiert mit feinem Kies, aber der Uferweg besteht aus glattem Beton. Das Gebiet wird zu besonderen Anlässen auch zum Joggen und für Volksläufe genutzt.

Samphire Hoe gehört eigentlich den Wildblumen und Vögeln. Es ist eine Kreidewiesenlandschaft mit einer Reihe von landesweit seltener Pflanzenarten, darunter befindet sich u.a. auch die Spinnenorchidee. Jedes Jahr im Juli blüht der Strandflieder zusammen mit dem schon genannten Queller.

Wanderfalken sind entlang der Klippen zu beobachten. Auf den Wiesen stellen sich Schwarzkehlchen und Wiesenpieper ein und am Fuß der Klippen lässt sich der Strandpieper entdecken. Mehlschwalben bauen sehr gerne ihre Schlammnester unter den Überhängen der Kreidefelsen, um ihre Jungen darin groß zu ziehen.

Im Landschaftsschutzgebiet entdecke ich einen kleinen alten hölzernen Leuchtturm, der seine Dienste heute noch verrichtet. Nach der entspannten Wanderung muss ich mich sputen, um den Bus für die Rückfahrt noch rechtzeitig zu erreichen. Aber ich habe Glück und ein paar wenige Gäste treffen nach mir im Bus ein, so bin ich nicht die Letzte und die mahnenden Blicke der Teilnehmer fallen nicht auf mich.

Wieder zurück an Bord genieße ich das leckere Mittagessen, das heute für mich deutlich später stattfindet. Anschließend besuche ich zu Fuß noch die Stadt Dover und schaue mir den Ort ein wenig an. Es gibt typische englische Häuser, Straßen und Geschäfte zu sehen und ganz besonders gut gefällt mir das natursteinerne Gebäude mit dem kleinen runden Turm auf dessen rechteckigen Plattform, die mit einer historischen Uhr in der Außenfassade versehen ist. Da ich rechtzeitig wieder an Bord der Aida Bella sein muss, fällt der Stadtspaziergang nicht so lange aus, denn ich muss ja bald wieder zum Abendessen auf das Schiff, außerdem will ich die Abfahrt nicht verpassen.

Über Nacht werden wir nur 167 Seemeilen zurücklegen, das sind gerade mal 309 Kilometer bis zu unserem nächsten Ziel in England. Wir sollen planmäßig um 9 Uhr in Isle of Portland anlegen und um 18 Uhr wieder abfahren. Die Sonne geht um 7 Uhr auf und um 16:46 Uhr wieder unter. Das Wetter ist nicht wirklich besser, denn es ist leicht bewölkt bei einer maximalen Tageshöchsttemperatur von 13 °C. Unsere Aida Bella liegt dann im Liegeplatz „Deep Water Berth" bei 50° 32' Nördliche Breite und 2° 26' Östliche Länge.

Am nächsten Tag steht die Aida unter dem Motto „Happy Halloween". Denn es wird nach dem „AIDA HEUTE" einiges auf dem Kreuzfahrtschiff zu dem Thema geboten. Wir werden in die mystische Welt der Geister, Hexen und Vampire eintauchen. Es wird ganz ausgiebig Halloween auf dem Schiff gefeiert, das verspricht uns der Kapitän und der Entertainment Manager. Zumal wir in der Gegend des ursprünglichen Landes für Halloween sind, denn in Irland befindet sich der Ursprung dieses lustigen und schaurigen Brauches. Es stammt vom keltischen Samhain-Fest ab, dass den Winterbeginn markiert. Die Kelten glauben, dass die Geister der Toten an diesem Tag zurückkehren. Um zu schauen welche schaurigen Gestalten an

Bord der Aida Bella sind, lädt der Kapitän um 21:30 Uhr in die Anytime Bar auf Deck 12 zur großen Horror Night ein. Alle Gäste sind aufgefordert ein schönes gruseliges Outfit zu tragen.

Aber zuvor unternehme ich am 31 Oktober meinen gebuchten Ausflug mit der Nummer PLD99, in dem ich für 42 € mit dem Bus nach Weymounth und Portland gefahren werde, um dort alles Interessante zu besichtigen.

Die Insel „Isle of Portland" ist ein 6,4 km langer und 2,4 km breiter Kalkstein-Felsen im Ärmelkanal. Sie liegt nahe Weymouth in Dorset und gehört zum Verwaltungsbezirk Weymouth und Portland. Dieser Verwaltungsbezirk besitzt eine Bevölkerung von über 65 000 Einwohnern, davon entfallen auf Weymouth mehr als 52 000 Einwohner und auf Portland fast 13 000 Einwohner. Die ehemalige Insel ist heute mit dem Festland über Chesil Beach, eine schmale, natürliche Landbrücke verbunden und daher nun nur noch eine Halbinsel. Zudem ist sie durch eine große Straßenbrücke mit Weymouth fest verbunden.

Als ein Teil der Jurassic Coast ist die Isle of Portland wie dieser gesamte Abschnitt der englischen Südküste als Weltnaturerbe ausgewiesen. Auf Isle of Portland befinden sich mehrere Orte, die größten sind Fortuneswell und Easton. Weitere kleinere Ortschaften sind Weston, Southwell, Castletown und Grove.

Da die Insel sehr klein ist, darf nicht zu viel an Sehenswürdigkeiten erwartet werden. Im Prinzip gibt es ein paar wenige kleine Monumente, drei alte Leuchttürme, eine kleine Vogelwarte, eine Ruine vom Portland Castle, das Portlandmuseum, ein Skulpturenpark mit in Stein gemeißelte Figuren, einen unauffälligen betonierten olympischen Ring auf einer Anhöhe, ein paar kleine und unauffällige Kirchen, typische englische Wohnhäuser, aber das war es im Prinzip schon. Der eigentliche Schatz der Insel sind seine schönen Strände und die Natur, in der man seine Seele baumeln lassen kann.

Am nächsten Tag haben wir wieder einen relaxten Seetag, die ich so sehr gerne mag, denn das ist pure Erholung auf See für mich. Hier kann man den Horizont sehen, das Meer in all seinen Facetten entdecken und ganz entspannt die Seele baumeln lassen. Gemütlich in einen Vortrag gehen, eine Show genießen, lecker essen gehen und den Nachmittagskuchen auf dem Schiff genießen. Das ist für mich Stressabbau und pure Erholung. Am Seetag müssen wir abermals die Uhren um- stellen und zwar werden diese von 2 Uhr auf 3 Uhr in der Nacht vorgestellt.

Von Isle of Portland in England werden wir 528 Seemeilen (978 Kilometer) bis nach A Coruña in Spanien zurücklegen. Dort erwarten uns auf dem 43° 22' Nördliche Breite und 8° 24' Östliche Länge sonniges Wetter bei 20°C. Das sind schon mal sehr schöne Aussichten. Der Sonnenaufgang erfolgt um 8:10 Uhr und der Untergang um 18:23 Uhr. Wir liegen von 8:00 Uhr bis 17:30 Uhr im Hafen von A Coruña und um 17:00 Uhr müssen alle wieder an Bord sein.

Bei bestem Wetter laufen wir am 2 November pünktlich in den Hafen von A Coruña ein und legen dort an. Der erste Blick auf die Hafenstadt A Coruña mit seinen fast 250 000 Einwohnern macht schon einen sehr schönen und geordneten Eindruck auf die Kreuzfahrtgäste. Man sieht den Jachthafen mit den vielen schönen Segelbooten, die Straßenzüge mit mehrstöckigen Häusern, dass sehr moderne und futuristische Seekontrollturm A Coruña, das alte und gut erhaltene Castelo de Santo Anton im Hafen auf einer Halbinsel und die sehr gepflegten Grün- flächen an den Anlegestellen im Hafen. Die Sicht ist wunder- schön, zumal wir heute strahlenden Sonnenschein und eine Temperatur von 20°C haben. Zuhause bekommen wir nicht mal die Hälfte der Temperatur und es regnet.

A Coruña ist galicisch und offiziell spanisch und heißt ehemals amtlich La Coruña, wie schon erwähnt liegt die Stadt im äußersten Nordwesten von Spanien. Sie ist Hauptstadt der zur Autonomen Gemeinschaft Galicien gehörenden Provinz A

Coruña. Die Stadt umfasst eine Gesamtfläche von knapp 38 km² und mit seinen Vororten leben hier über 407 000 Einwohner.

Geschichtlich gesehen wird der sehr wichtige und natürlich geschützte Hafen von A Coruña von je her genutzt, erst von den Phöniziern, dann durch die Kelten und später von den Römern. Diese errichteten um 110 nach Christus im damaligen Ardobicum Corunium den gewaltigen Herkulesturm, einen im Norden der Stadt gelegenen Leuchtturm, der noch heute an diese Zeit erinnert und seit Juni 2009 auf der Liste des UNESCO-Welterbes steht. Während der Herrschaft der Sueben im 5. Jahrhundert war Corunium, heute namens A Coruña, zeitweise Hauptstadt des Königreiches.

Unter dem spanischen Namen La Coruña findet die Stadt erstmals im 13. Jahrhundert urkundliche Erwähnung. Die Blütezeit der Stadt lag im 14. und 15. Jahrhundert, als sie sich zum Zielhafen englischer Jakobspilger auf dem Weg nach Santiago de Compostela entwickelte. Heute ist die Route des Camino Inglés wieder mit der Jakobsmuschel gekennzeichnet. Im Jahr 1588 war die Stadt Ferrol (Provinz A Coruña) Station der spanischen Armada auf ihrem Weg nach England. In der Folge wurde A Coruña im Jahr 1589 von einem englischen Flottenverband unter der Führung von Sir Francis Drake angegriffen, dabei jedoch nicht eingenommen. Die erfolgreiche Verteidigung der Stadt wird, gemäß der Überlieferung, mit der Bürgerin María Pita in Zusammenhang gebracht, nach der auch heute noch der Hauptplatz der Stadt benannt ist. María Pita, eine Metzgersfrau, hob sich bei der Bekämpfung der englischen Freibeuter um den Piraten Sir Francis Drake 1589 durch ihre Hartnäckigkeit hervor. Sie wird heute noch als Heldin und als Symbol für Freiheit gesehen. Ihr zu Ehren steht natürlich eine Statue in der Stadt.

Während des Spanischen Unabhängigkeitskrieges von 1808 bis 1814 fand am 16. Januar 1809 die Schlacht bei A Coruña statt. Dort bekämpften sich ein französisches Heer unter Marschall

Soult und ein britisches Expeditionsheer unter Sir John Moore.
Die Schlacht endete unentschieden.

Unmittelbar zu Beginn des Spanischen Bürgerkrieges gelang es
dem putschenden Militär, die Kontrolle über A Coruña zu
erlangen. Republikaner versuchten verzweifelt, den Putsch in
blutigen Kämpfen niederzuringen. Bei diesen Kämpfen
versuchten unzählige Republikaner ohne Waffen vergeblich,
die Kaserne der Guardia Civil zu erstürmen. Armeeoffiziere,
Sturmgardisten (städtische Polizei) und 200 Zivilgardisten, die
sich dem Militärputsch widersetzt hatten, wurden von dem
putschenden Militär getötet, ferner unter anderem der Ober-
befehlshaber der Region, General Enrique Salcedo, der Orts-
kommandant von A Coruña General Rogelio Caridad Pita und
der Zivilgouverneur Pérez Carballo mit seiner schwangeren
Frau Juanita Capdevilla. A Coruña wurde zum Zentrum des
Militärputsches und eine Bastion der Nationalisten in Galicien.

Die Stadt A Coruña und dessen nähere Umgebung hat ein sehr
angenehmes Warm-Sommer-Mittelmeerklima. Weil sie direkt
am Atlantik liegt und deshalb durch ein entsprechend mildes
Klima gekennzeichnet ist. Die Temperaturen sinken so gut wie
nie unter 10 °C, dafür befindet sich A Coruña im niederschlag-
reichsten Gebiet Spaniens.

Da dieses Klima im spanischen A Coruña für uns Deutsche
ganz anders ist wie bei uns Zuhause und deshalb aus meiner
Sicht interessant, habe ich mir erlaubt die Klimatabelle hier
einzutragen.

	Jan	Feb	Mär	Apr	Mai	Jun	Jul	Aug	Sep	Okt	Nov	Dez		
Monatliche Durchschnittstemperaturen und -niederschläge für A Coruña (58 m)														
Mittl. Temperatur (°C)	10,8	11,1	12,4	13,0	15,0	17,4	19,0	19,6	18,6	16,1	13,3	11,5	ø	14,8
Mittl. Tagesmax. (°C)	13,5	14,1	15,5	16,2	18,1	20,6	22,1	22,8	22,0	19,1	16,0	14,1	ø	17,9
Mittl. Tagesmin. (°C)	8,1	8,0	9,2	9,9	12,0	14,3	15,9	16,4	15,2	13,0	10,5	8,9	ø	11,8
Niederschlag (mm)	112	88	75	88	74	44	34	35	64	130	138	131	Σ	1013
Sonnenstunden (h/d)	3,3	4,3	5,2	5,8	6,5	7,5	7,7	7,9	6,4	4,8	3,6	3,0	ø	5,5
Regentage (d)	14,0	12,0	11,5	13,3	11,1	6,7	5,5	5,7	7,9	12,9	14,3	14,6	Σ	129,5
Luftfeuchtigkeit (%)	75	73	72	73	75	76	77	77	76	77	77	75	ø	75,3

Quelle: Agencia Estatal de Meteorología, Periode 1981–2010 ⌐

Wirtschaftlich gesehen ist die Provinz A Coruña derzeit die reichste Region Galiciens und erwirtschaftete ca. ein Drittel des galicischen BIPs. Die größte Bedeutung hat der Dienstleistungssektor und dort insbesondere der Finanzsektor, gefolgt von Hafenaktivitäten wie Handel und der Fischerei. Eher von geringer Bedeutung ist der industrielle Sektor.

A Coruña besitzt mit einer Wasserfront von sechs Kilometern und einem jährlichen Handelsvolumen von ca. 13 Millionen Tonnen den größten Hafen Galiciens. Die größten Umschlagsmengen sind Flüssigmassengüter wie Rohöl und Bioethanol, gefolgt von festen Massengütern wie Kohle, Holz, Zement und Erzen. Andere Güter und der Containerverkehr spielen nur eine geringere Rolle. Die angelandete Fischmenge ist die zweitgrößte Galiciens, und der gewaltige Fischmarkt ist einer der bedeutendsten in Spaniens. Der Hafen ist auch Zwischenstation von Kreuzfahrtschiffen, wie z.B. unserer Aida Bella. So zählte die Stadt im Jahr 2007 etwa 40 000 Besucher von 62 Schiffen. An der Av. Porto da Coruña befindet sich für Sportboote ein Stadthafen unmittelbar im Zentrum der Stadt.

Seit 2018 wird ein weiterer Hafen westlich des Stadtzentrums in Langosteira de Fóra errichtet, der seit 2020 in Betrieb ist. Er soll vor allem dem Umschlag von Öl und anderen Flüssigkeiten dienen. Gleichzeitig werden die benachbarten Anlagen der Polymerchemie erweitert.

Die Industrie in der Stadt beherbergt zwei Industriegebiete mit mehr als 600 Unternehmen. Darunter eine Ölraffinerie der Firma Repsol YPF und ein Betrieb des Aluminiumproduzenten Alcoa. Weiterhin ist in A Coruña der Sitz von Fadesa Inmobiliaria, einem führenden Immobilienunternehmen. Auch der Konzern Inditex, der mit seinen Marken wie etwa Zara zu den größten Textilkonzernen der Welt gehört, hat seinen Sitz in A Coruña, wenngleich sich die Konzernzentrale mittlerweile in der Nachbargemeinde Arteixo befindet.

Der Tourismus in der Stadt ist in den letzten Jahren, nicht zuletzt durch den Besuch von Kreuzfahrtschiffen, stark gewachsen. So konnte A Coruña 2006 zum ersten Mal so viele Besucher begrüßen wie es Einwohner hat. Einer der Anziehungspunkte ist die Strandpromenade, die eine Länge von 13 km misst. Weitere Sehenswürdigkeiten sind das an der Hafenmole gelegene Castillo de San Anton aus dem 16. Jahrhundert, in dem sich heute das archäologische Museum befindet, der Herkulesturm und das Museo de Belas Artes, in dem unter anderem Werke von Goya zu sehen sind. Die älteste Kirche der Stadt ist die dem heiligen Jakobus geweihte Ingesa de Santiago aus dem 12./13. Jahrhundert. Die beiden wichtigsten Strände der Stadt sind Orzán und Riazor, die sich unterhalb der Strandpromenade befinden. Das wichtigste touristische Ereignis ist die jährlich am 23. Juni begangene Nacht des San Juan, welche mit Hexenumzug, Feuerwerk und Johannisfeuern auf den Stadtstränden begangen wird.

Trotz des hügeligen Geländes der Umgebung verbindet ein Netz von A Coruña mit anderen Städten Galiciens sowie mit Madrid und Portugal. Die Autobahn von/nach Madrid ist größtenteils gebührenfrei, um die extreme Randlage der Region zu kompensieren.

Der innerstädtische öffentliche Personennahverkehr wird vollständig mit Bussen abgewickelt, überwiegend auch der regionale und überregionale Personenverkehr. Der Bahnhof hat geringe Bedeutung, bietet aber tägliche Verbindungen nach Madrid. Der kleine Flughafen bietet derzeit ausschließlich Inlandsverbindungen an.

Von 1903 bis 1962 existierte eine Straßenbahn, die in den ersten zehn Jahren mit Pferden, danach elektrisch betrieben wurde. Eine 1997 als Touristenbahn neu gebaute Strecke mit Nostalgiefahrzeugen, die zur Keimzelle eines modernen Niederflurnetzes werden sollte, scheiterte leider an veränderten politischen Mehrheiten. Der Betrieb wurde im Jahr 2011 wiedereingestellt.

Im Zeitraum von 1948 bis 1979 besaß die Stadt ein ausgedehntes Netz von Oberleitungsbuslinien.

Die Universität A Coruña (galicisch Universidade da Coruña) ist eine 1989 gegründete staatliche Universität, die ihren Sitz und mehrere Campus (Elviña, Zapateira, Riazor und Oza) in der Stadt hat. Im Jahr 2022 beschäftigte sie ein akademisches Personal von mehr als 1 400 Forschern und Hochschullehrern und hatte über 17 000 Studierenden in 26 Departments. Zudem befindet sich in A Coruña ein Campus der privaten Universidad Intercontinental de la Empresa (UIE), ein mit der UNED assoziiertes Zentrum und ein Sitz der Universidad Internacional Menéndez Pelayo.

In den letzten Jahren ist die Stadt A Coruña durch verschiedene Infrastruktur- und Stadtentwicklungs-Projekte, insbesondere im Bereich des Verkehrs, der Kultur, des Sports und der Freizeit weiterentwickelt worden. Erhöhte Anstrengungen wurden insbesondere unternommen, um den Küstenbereich (Strand und Promenade) der Stadt wiederherzustellen. Diese Bemühungen sind darauf gerichtet, den traditionellen Charakter der Stadt, der seit Jahrzehnten von der ansässigen Verwaltung, vom Handel, vom Hafen und vom Tourismus geprägt worden ist, in das 21. Jahrhundert zu übertragen. Auf dem Gebiet der Wissenschaft hat insbesondere die vom Stadtrat im Jahr 1983 gegründete Institution „Haus der Wissenschaften" eine überregionale Bedeutung erlangt. Zu dieser Institution gehören das Planetarium, das populärwissenschaftliche „Haus des Menschen" (Domus) sowie das Aquarium „Aquarium Finisterrae" (Casa de los Peces) der Stadt.

Ganz besonders hervorzuhebende Sehenswürdigkeiten in der Stadt A Coruña sind die wunderschöne Küste Coruña bei Sonnenaufgang, das gewaltige Denkmal im Kreisverkehr und der dahinterstehende Herkulesturm, die schönen Galeriehäuser am Hafen, das historische und sehr schön renovierte Rathaus der Stadt, die alte Kirche Santa Maria do Campo, das beeindruckende Castelo de Santo Anton auf einer Halbinsel im Hafen, der lange Sandstrand von A Coruña, der einzigartige Panoramaglasaufzug zum Berg Sankt Peter, das wunderschöne historische Opernhaus Palacio de la Ópera mit Wasserfall auf der linken Seite und natürlich das futuristische und super-moderne Seekontrollturm A Coruña.

Die Hafenstadt A Coruña hat recht viel zu bieten und kann direkt von der Anlegestelle der Aida Bella erkundet werden, aus diesem Grund habe ich keinen Ausflug gebucht, sondern erkunde die Stadt selber, zumal es gleich im Hafen mit den Sehenswürdigkeiten losgeht. Zur ersten Orientierung nutze ich die „AIDA HEUTE", denn da sind die Sehenswürdigkeiten an Land immer beschrieben und es ist eine kleine Karte mit den Standpunkten der wichtigsten Attraktionen enthalten. Vor Ort beschaffe ich mir immer gerne eine Touristenkarte, die es in der Regel meist kostenfrei vor Ort gibt und die Sehenswürdig-keiten noch besser beschreibt.

Nach dem leckeren Frühstück gehe ich bei besten Wetter von Bord der Aida Bella um die wunderschöne und reiche Stadt A Coruña auf eigene Faust zu erkunden.

Nach dem schnellen Auschecken vom Kreuzfahrtschiff laufe ich von der Anlegestelle der Aida Bella Richtung Segelboot-hafen und entdecke auf einem Granitblock den original Schrift-zug „AIDA" stehend in Großbuchstaben. Das macht was her, so kann ich den Schriftzug im Vordergrund und unser schönes Kreuzfahrtschiff im Hintergrund schön im Sonnenschein foto-grafieren. Anschließend geht es für mich dann weiter an der schönen Promenade zwischen den ordentlichen Häusern der Stadt und dem sehr gepflegten grünen Garten mit mehreren lebensgroßen Statuen und einem runden Springbrunnen.

Schließlich erreiche ich Castelo de Santo Anton und schaue mir dieses wunderschöne und perfekt erhaltene Sternfort ganz genau an. Erst von außen und dann betrachte ich es von innen und genieße bei den Kanonen auf der obersten Ebene die wunderschöne Aussicht auf die Stadt A Coruña. Natürlich mache ich hier jede Menge schöner Fotos, zumal das Wetter heute perfekt dafür ist. Erwähnen muss ich es einfach, denn die Grünanlage auf dem obersten Stockwerk ist in diesem Fort so perfekt und ordentlich gepflegt, das einem dies sofort ins Auge sticht.

Das Fort wurde Ende des 16. Jahrhunderts erbaut, ein paar Militäringenieure waren damit beschäftigt, den Trace Italienne zu kopieren, der damals in der Befestigungstechnik den neuesten Stand darstellte. Ein Problem, mit dem das Castillo nach einem Jahrhundert der tapferen Verteidigung von Coruña konfrontiert war, war, dass die Schiffe größer wurden.

Die gedrungenen Galeonen, aus denen die spanische Armada bestand, galten als das Nonplusultra der Schiffsbaukunst, als das Fort in den 1580er Jahren entworfen wurde, aber Anfang des 18. Jahrhunderts waren die meisten Kriegsschiffe höher als die Mauern des Castillo! Sternforts wurden sehr oft auf beherrschenden Hügeln errichtet, von denen aus man das überblicken konnte, was sie verteidigen wollten. Das Castillo de San Anton wurde auf einer niedrigen kleinen Insel erbaut, die nach Lepra roch.

Wenn eine Nation jedoch einmal die enormen Ausgaben für den Bau und die Instandhaltung einer Sternenfestung über hundert Jahre getätigt hat, wird sie diese nicht mehr aufgeben, nur, weil sie ein bisschen gedrungen ist. Das Castillo de San Anton wurde vom 18. Jahrhundert bis 1960 als Gefängnis genutzt, und im 18. Jahrhundert wurde innerhalb der Mauern der Festung das Haus des Gouverneurs gebaut. Dies ist der große rechteckige Block, der den mittleren Teil der Anlage überspannt. Irgendwann wurde die Insel Lazaretto mittels Füll-material mit dem Festland verbunden, um eine Halbinsel zu schaffen, was heute bedeutet, dass man auf dem Weg zum Castillo durch hübsche Gärten schlendern kann. Etwas ganz besonderes ist für mich die Süßwasserquelle, die sich in der Mitte der Festungsanlage unter den Mauern befindet. So konnten die Soldaten zur damaligen Zeit immer mit frischem Süßwasser rechnen und liefen keine Gefahr bei einer Belagerung oder einem Angriff zu verdursten. Da heutzutage die Verteidigung einer Stadt nicht mehr durch ein steinernes Sternefort sichergestellt wird, wurde dem Fort eine neue Aufgabe zugewiesen. Heute dient das Castillo de San Anton als Museo Arquelógico in Coruña , ein Museum, das dem Mittelalter und der modernen Stadt gewidmet ist. Montags ist es geschlossen.

Danach laufe ich weiter über die wunderschön angelegte Promenade, mit ihren historischen Laternen, die knallrot gestrichen am Weg stehen. An ein paar Sandstränden vorbei, bis ich an den schönen rechteckigen Granitblöcken mit Inschrift ankomme und anschließend sehe ich mehrere Granitspitzen mit rechteckigen Durchbrüchen auf der grünen Wiese stehen. Diese Art von Kunst gefällt mir sehr gut.

Letztendlich erreiche ich den gigantischen, historischen und wunderschönen Herkulesturm. Total begeistert bin ich von diesem Bauwert aus der Zeit der Römer. Der Herkulesturm ist ein römischer Leuchtturm aus dem 2. Jahrhundert, der als das Wahrzeichen der Stadt gilt. Das Stadtwappen von A Coruña zeigt sieben Muschelschalen, als Hinweis auf den heiligen Jakobus und den Leuchtturm der Stadt im damaligen Baustil.

Der Leuchtturm ist ein aktives Schifffahrtszeichen und zeigt ein weißes Blitzfeuer mit vier Blitzen und 20 Sekunden Wiederkehr, dass eine Nenntragweite von 23 Seemeilen hat. Der Turm gilt deshalb auch als ältestes aktives Sichtzeichen der Seeschifffahrt. Der Herkulesturm weist Seeleuten seit der Zeit des römischen Kaisers Trajan, um das Jahr 110, ihren Weg. Der Basiseckstein weist die Weiheinschrift „MARTI AUG. SACR C. SEVIVS LUPUS ARCHITECTUS AEMINIENSIS LVSITANVS.EX.VO" an den Gott Mars auf, was den Originalturm dem Architekten Gaius Sevius Lupus aus Aeminium, heute Coimbra in Portugal, zuordnen lässt. Die älteste überlieferte Erwähnung des Leuchtturms stammt von

Paulus Orosius in Historiae adversum Paganos „Geschichten gegen die Heiden", im Jahre 415 bis 417.

Unter dem spanischen König Karl IV. wurde der Turm in den Jahren 1788 bis 1791 von Eustaquio Giannini, der von 1750 bis 1814 lebte, restauriert. Dabei erhielt das Bauwerk eine klassizistische Umhüllung. Er ist der weltweit älteste noch in Betrieb stehende Leuchtturm. Seine Höhe beträgt ungefähr 55 m und er steht auf einer Anhöhe von 112 m. Für den Ausblick auf den Atlantik muss ich 242 Stufen hinaufsteigen und zuvor ein Ticket für 3 € kaufen. Aber es lohnt sich, denn die Rundumsicht ist unbeschreiblich schön und bei dem herrlichen Wetter einfach nur perfekt. Seit Ende Juni 2009 ist der Herkulesturm als UNESCO-Welterbe anerkannt und eingetragen. Natürlich gibt es auch eine Legende zu diesem Herkulesturm und danach soll der Turm aus einem Felsen entstanden sein, auf dem Herkules mit dem Riesen Geryon drei Tage und drei Nächte gekämpft hat. Herkules gewann den Kampf, und aus Dankbarkeit sei dann aus dem Felsen der Leuchtturm gebaut worden.

Auf meinem Rundweg, der in dieser Karte gut dargestellt ist, kann man die meisten Sehenswürdigkeiten von A Coruña sehen. Zum Schluss bin ich noch durch die Fußgängerzone gelaufen und habe das pulsierende Leben der Stadt gespürt. Anschließend gönne ich mir einen leckeren spanischen Latte Macchiato in einem kleinen gemütlichen Straßencafé. Hier muss ich mich erst einmal ausruhen, denn der Weg war für mich eigentlich viel zu viel, aber ich will unbedingt alles sehen und das ist die Motivation doch durchzuhalten, auch wenn die Beine schon schmerzen. Diese Pause ist ganz dringend nötig. Selbstverständlich steht auch das wunderschöne historische Rathaus noch auf meinem Besichtigungsplan. Aber danach geht es ganz schnell zurück auf die Aida Bella. Wo ich mir erst einmal ein ganz großes Bier genehmige, denn so eine Wanderung macht richtig durstig, vor allem bei dem schönen Wetter. An diesem Tag habe ich mir auch noch einen Sonnenbrand eingefangen, weil ich nicht mit dem tollen Wetter gerechnet habe und zudem viel zu lange in der Sonne unterwegs war.

Kurze Zeit später habe ich an der tollen Hafenausfahrt teilgenommen und mir ein letztes Mal die wunderschöne Stadt A Coruña in Spanien angeschaut. Zur Ausfahrt spielt auf der Aida Bella die wunderschöne Abschiedsmusik „Sail away" von Aida. Da wird man wehmütig und das Herz wird schwer, denn es ist wunderschön so eine Reise zu erleben und all die schönen Dinge sehen zu dürfen. Bei diesen Gedanken und Gefühlen komme ich nicht umher und mir drückt es die Tränen aus meinen Augen, ich bin unendlich Dankbar, dass ich so eine wunderschöne Reise erleben darf.

Anschließend lass ich mir das Abendessen schmecken und will dann nur noch ins Bett, denn der Tag war für mich sehr anstrengend.

Über Nacht legt die Aida Bella 236 Seemeilen (437 km) bis in den Hafen Leixões, der zur Stadt Porto in Portugal gehört, zurück. Da wir nun noch etwas weiter südlich fahren, wird auch das Wetter noch besser, denn in Porto ist es morgen sonnig bei 21 °C. Kein Wunder, denn wir befinden uns auf 41° 11' Nördliche Breite und 8° 42' Östliche Länge. Die Sonne geht in Porto um 7:08 Uhr auf und um 17:27 Uhr wieder unter. Unsere Liegezeit im Hafen von Leixões ist von 9 Uhr bis 18:30 Uhr, wobei alle Gäste spätestens wieder um 18 Uhr an Bord sein müssen. Die Borduhr der Aida Bella wird von Samstag auf Sonntag von 3 Uhr auf 2 Uhr zurückgestellt.

Für mich ist Porto etwas ganz Neues, mein Gatte Wolfgang Hans Werner war schon sehr oft in dieser wunderschönen Stadt des Portweins an der Westküste von Portugal. Sehr gespannt bin ich, ob diese Stadt wirklich so fantastisch ist wie mein Gatte mir das immer berichtet.

Über Nacht ist es wie immer bisher sehr ruhig auf dem Meer, auch wenn wir uns auf dem Atlantik bewegen und es da schon die eine oder andere Horrorgeschichte gibt. In meiner schönen Kabine und dem gemütlichen Bett kann ich sehr gut schlafen.

Nach dem ganz frühen Frühstück geht es los in die tolle Stadt Porto. Leider wird es nichts mit dem günstigen Bus für 2,50 €, denn in der Stadt ist gerade heute, am 3 November, ein Marathon und deshalb ist viel abgesperrt und einige Busverbindungen fallen komplett aus. Das fängt ja richtig bescheiden an, da ist der Ärger schon vorprogrammiert, weil es nun sehr schwierig ist überhaupt in die Stadt zu gelangen, denn der Hafen ist viele Kilometer vom Zentrum von Porto entfernt. Aber Aufgeben ist keine Option und so bilden wir Fahrgemeinschaften und fahren mit dem Taxi für 15 € in die Stadt, das sind 5 € pro Person und das ist noch vertretbar. Leider gibt es überall lange Staus und unser Fahrer ist richtig genervt. Er entschuldigt sich bei uns mehrfach, weil die Fahrt dreimal so lange wie sonst üblich dauert. Dies liegt nur am Marathon und wir müssen trotz der langen Fahrt nichts nachbezahlen. Wir danken für die gute Fahrt und geben freiwillig ein ordentliches Trinkgeld dazu. Unser Taxifahrer ist sehr zufrieden und bedankt sich für das Trinkgeld bei uns. Er gibt uns noch ein paar gute Ratschläge was wir unbedingt in Porto besichtigen müssen. Dann starte ich zu Fuß meine City Tour in Porto, mit dem Stadtplan meines Gattens in der Hand. In der Innenstadt gibt es unheimlich viel Schönes zu entdecken. So sehe ich aber bereits u.a. auf der Fahrt mit dem Taxi den schönen Stadtstrand von Porto, vorbei am Kreisverkehr mit einem gigantischen Fischernetz, einem weiteren Kreisverkehr mit einer riesigen Statue und daneben steht eine alte Festungsanlage am Meer, dem Aquarium und dem größten Park von Porto.

Porto ist in Portugal, nach Lissabon, die zweitgrößte Stadt des Landes. Der Stadtname Porto heißt im Deutschen Hafen. Dieser Name ist kein Zufall, denn die Stadt liegt an der Atlantikküste am Nordufer des dort mündenden Flusses Douro. Der Fluss ist mit 897 Kilometer der drittlängste Fluss der iberischen Halbinsel. Seine Quelle liegt in 2157 Meter Höhe in der spanischen Provinz Soria. Er durchfließt Nordspanien und Nordportugal und mündet bei Porto in den Atlantischen Ozean.

Der Fluss Douro ist auf dem gesamten portugiesischen Gebiet schiffbar und dies nachweislich schon zu den Zeiten der Römischen Besatzung. Von der Mündung des Flusses bis zur Grenzregion ist er auf zweihundertzehn Flusskilometer durch 5 Schleusen schiffbar, aber nur mit Schiffen bis zu einer maximalen Länge von 83 Meter und einer Breite bis 11,40 m, dabei dürfen die Schiffe einen max. Tiefgang von 3,80 m nicht überschreiten, weil sie sonst Gefahr laufen bei Niedrigwasser auf Grund zu laufen. Von der Quelle des Flusses Douro bis zu seiner Mündung in den Atlantischen Ozean verläuft der internationale Fernwanderweg GR 14 Senda del Duero. Zwischen den Orten Porto und Pocinho verkehrt die portugiesische Eisenbahn auf der Linha do Douro, die meistens am Flussufers entlangfährt und deshalb eine wunderschöne Aussicht bietet.

Porto ist mit seinen knapp 240 000 Einwohnern die Hauptstadt des Distriktes Porto, in dem knapp etwas weniger als zwei Millionen Menschen leben. Somit ist Porto natürlich nicht nur die wichtigste Hafenstadt in der Region, sondern auch das wirtschaftliche und kulturelle Zentrum Nordportugals. Die Stadt, die es schon zur Zeit der Römer gibt, ist seit je her eine kommerzielle Hafenstadt. Im Zeitalter der europäischen Expansion entwickelte sich Porto zu einer der bedeutendsten europäischen Handelsmetropolen. Die wunderschöne Altstadt mit ihrem historischen Zentrum gehört heute zum UNESCO-Weltkulturerbe. Im Jahr 2001 war Porto Kulturhauptstadt von Europa. Die Stadt gibt auch ihren Namen für den weltberühmten Portwein, der aus seinem Anbaugebiet in der Region Alto Douro im Douro Tal nach Porto transportiert wird und im angrenzenden Vila Nova de Gaia lagert und in die ganze Welt exportiert wird.

Die Stadt Porto liegt, strategisch und militärisch, am Nordufer des Douro kurz vor dessen Mündung in den Atlantischen Ozean, ideal.

Auf der gegenüberliegenden Flussseite von Porto liegt die Stadt Vila Nova de Gaia, die mit Porto über mehrere Brücken, über das Tal und den Fluss, verbunden ist. Eine der wichtigsten und schönsten Brücken, ist die vom Herrn Gustav Eifel gebaute Brücke Ponte Luiz 1. Dieser Herr Eifel konstruierte in seinem Ingenieursbüro u.a. auch den weltberühmten Eifelturm in Paris. Die Konstruktion der Fachwerk Bogenbrücke aus Stahl wurde aber von Herrn Eifels damaligen Partner Theophile Seyrig entwickelt. 1886 eröffnete die Brücke Ponte Luis 1 ihre Pforten, um aktuell auf der oberen Ebene den Verkehr der Metro und auf der unteren Fahrbahn den Straßenverkehr über den Fluss Douro zu leiten. Für Fußgänger sind beide Fahrbahnebenen der über 385 Meter langen Brücke begehbar. Die Ponte Luiz 1 ist die zweitälteste der noch existierenden alten Stahlbrücken über den Douro in der Stadt Porto. Neun Jahre zuvor wurde die Stahl-Fachwerk-Bogenbrücke Ponte Maria Pia, die einen Kilometer flussaufwärts liegt, in Betrieb genommen. Diese Brücke diente ausschließlich als Eisenbahnbrücke. Die berühmte Brücke Ponte Luiz 1 ragt 60 Meter über dem Fluss und ihre Stahlkonstruktion wiegt insgesamt 355 Tonnen.

Das Klima in Portugal ist maritim und semihumid und gehört zur subtropischen Klimazone. Durch die dichte Lage direkt am Atlantik wird das Klima vorrangig vom Temperaturverhalten des Meeres geprägt. Dazu gehören nicht allzu heiße Sommer und verhältnismäßig milde Winter. Die Temperaturen fallen nur selten unter null Grad Celsius. Extrem selten ist in dieser Gegend, im Winter, mit Schneefall zu rechnen. Im Winter liegt Porto oft im Einflussbereich atlantischer Tiefausläufer, die im Küstenbereich für viel Regen sorgen. Deshalb führen die meisten Bewohner von Porto in der Winterzeit einen Regenschirm mit sich. Die höchsten Niederschläge fallen in den Monaten Oktober bis April. Entscheidend dafür ist die Lage am kühlen Kanaren-Strom, der in südlicher Richtung an der Küste von Portugal entlangführt. Dieser sorgt in der warmen Jahreshälfte oft für Küstennebel. Die jährlichen Niederschläge betragen durchschnittlich in Portugal 1267 Millimeter.

Geschichtlich wurde Porto schon sehr früh in der Castrokultur von den Griechen besiedelt, die auch einen Handelsplatz errichteten. Anschließend fiel Porto in die Hände der Römer. Es regierten in Porto aber auch die Westgoten, die Mauren, der christliche König Leon, Heinrich von Burgun, der portugiesische König Ferdinand I und Napoleon aus Frankreich. Letztendlich wurde Porto durch die Engländer von den Franzosen befreit und die Stadt gehört zu Portugal. Der heutige freie und unabhängige Staat Portugal ist ein Mitgliedsstaat der Europäischen Union.

Die wichtigsten Steuereinnahmen bezieht Porto aktuell aus seiner Textil-, Lederwaren-, Metall-, Genussmittel- und chemischen Industrie, der Erdölraffinerie, dem Überseehafen Leixoes und dem internationalen Flughafen Porto. Die Stadt ist somit die wichtigste Industrie- und Handelsstadt des Landes und ebenso ein bedeutendes Verkehrszentrum. Auch kulturell ist Porto ein Zentrum von Portugal, dies wird durch die Theater, Museen, Opern, der Universität und der Kunstakademie bestätigt.

Das historische Zentrum von Porto am Nordufer des Douro ist
seit 1996 im UNESCO Weltkulturerbe eingetragen. Zum
Historisches Zentrum von Porto gehören zu seinem Stadtbild
u.a. auch die Rabelo-Boote, die in der Vergangenheit den
berühmten Portwein auf dem Fluss Duoro zu seinen Kunden, in
Form von Holzfässern, transportierten.

Weil es in Porto so viele Barockkirchen gibt, wird die schöne
Stadt auch als Barockstadt bezeichnet. Die bekanntesten und
wichtigsten Bauwerke dieser Art wurden von Nicolau Nasoni,
einem Architekt mit italienischer Herkunft, gebaut. Einer der
wichtigen Kathedralen und Kirchen sind der Torre dos Clerigos,
Igreja de Sao Pedro dos Clerigos, Igreja Santa Clara, Igreja do
Carmo, Igreja da Trindade, Sao Francisco, Igreja de Santo
Ildefonso und Capela Carlos Alberto.

Charakteristisch für Porto sind die zahlreichen Bauten aus
Granit. Das älteste bestehende Hotel ist das Grande Hotel do
Porto, das 1880 eröffnet wurde. Traditionell bestehen die alten
Häuser zwischen zwei bis sechs Stockwerken und um die
Türen und Fenster wird ein breiter vorstehender Granitrahmen
gebaut, die restliche Wandfläche ist mit bunten gebrannten
Fliesen belegt. Das älteste Hochhaus aus Beton, in der Stadt, ist
das Hotel Dom Henrique. Enge, steile und gewundene Gassen
mit dichter Häuserbebauung bilden ausgehend vom Ufer des
Douro an einem Hang die terrassenartige Struktur der Altstadt
Ribeira, die seit 1996 im Weltkulturerbe der UNESCO eingetragen ist. Durch den regen Handel in den Geschäften wirkt
die hügelige Altstadt am Tage sehr belebt. Auf der Gegenüberliegenden Seite des Flusses befindet sich der schon genannte
Stadtteil, in dem es sehr viele Gebäude aus der Vergangenheit
gibt, in denen Portwein gelagert ist und in ihren wunderschönen Lagerhallen und Museen dies alles besichtigt werden
kann. Alle bekannten Portweinhersteller von Porto sind hier
vertreten und bieten Museumsführungen und leckere Portwein-
verköstigungen in qualifizierten Führungen an. Diese erfolgen
üblicherweise in Gruppen und werden in sehr vielen
Fremdsprachen angeboten. Hier wimmelt es von Bussen und

Touristen, die sich dieses tolle Vergnügen nicht entgehen lassen wollen.

Zu den historisch bekannten und wunderschönen Gebäuden, so wie den Sehenswürdigkeiten der Stadt Porto gehört u.a. die Avenida dos Aliados die Prachtstraße der Stadt mit seinem traditionellen Einkaufszentrum, das sich in der Mitte der Stadt befindet. Dort steht auch eine schöne Marmorskulptur aus dem Jahre 1929, die ein sitzendes nacktes Mädchen über den vier Gargoyle-Fratzen zeigt, sowie weitere Skulpturen in der Umgebung.

Das Rathaus Paços de Concelho ist ein weiteres wunderschönes Gebäude, das vom Architekten Antonio Correia da Silva entworfen wurde und vor dem sich das bronzene Almeida -Garrett-Denkmal, so wie der Praça do General Humberto Delgado befindet. Das Paços de Concelho do Porto ist nachts perfekt beleuchtet, das symmetrische Gebäude wurde 1920 gebaut und in der Mitte mit einem 70 Meter hohen Turm ausgestattet. Vor dem Gebäude steht ein großer blauer Schriftzug Porto, der ebenfalls nachts sehr schön beleuchtet ist. Auch der stufige große rechteckige Wasserfall vor dem Rathaus wirkt fantastisch. Dahinter befindet sich der Platz Praça da Liberdade mit der Reiterstatue des portugiesischen Königs Pedro IV. Nicht weit entfernt ist der Börsenpalast Palacio da Bolsa aus dem Jahre 1844, der von den Mitgliedern des portugiesischen Wirtschaftsclubs bezahlt wurde. Eine der schönsten Buchhandlungen der Welt, die aus dem Jahre 1906 im Jugendstil erbaut wurde ist die Livraria Lello & Irmao. Die neogotische Außenfassade und ihre hölzerne Innenausstattung sind nicht nur sehr schön, sondern auch ganz einzigartig. Das Kaffeehaus im Jugendstil Cafe Majestic steht in der Rua Santa Catarina mit der Original Innenausstattung aus dem Jahr 1920. Das Weingut Casa da Prelada und die größte jüdische Sinagoge Sinagoga Kadoorie auf der iberischen Halbinsel, aus dem Jahre 1930 sind sehr sehenswert. Ein weiteres High Light ist die Parkanlage Parque de Serralves aus dem Jahre 1932 im Stadtteil Lordelo do Ouro, so wie die Stadtmauern aus der Römerzeit. Der Justizpalast aus dem Jahre 1961 und der kleine Kiosk Quiosque do Serviço de Transportes, so wie das Gebäude der ehemaligen britischen Handelspost Feitoria Inglesa sind ebenfalls sehenswerte Anschauungsobjekte.

Auf dem Freiheitsplatz von Porto oder Praca da Liberdade schaue ich mir noch kurz die Abundancia/Os Meninos an. Was aus dem portugiesischen so viel wie Spektakuläre Skulptur oder bemerkenswerte Statue bedeutet, die den Namen Bereket oder Men trägt. Die 1931 erbaute metallene grüne Statue zeigt drei kleine nackte Jungen die einen vollen Teller mit Blumen und Früchten tragen, hier soll der Reichtum, Wohlstand und die Fülle zum Ausdruck gebracht werden.

Zwar bin ich immer noch ganz begeistert von dem schönen Platz mit seinen fantastischen und historischen Gebäuden, den Brunnen und seinen Statuen, mache mich aber dennoch auf den Weg zu zwei kleinen Parks.

In dem einen grünen Park befindet sich ein flacher angelegter Teich und eine Allee mit alten Platanen, die im unteren Bereich seltsamer Weise starke kegelförmige Verdickungen aufweisen. Das sieht richtig exotisch aus, wie ein Riesenbonsai. Zwischen den Bäumen befinden sich Bänke und alte elektrische Straßen-lampen. Im Park Cordoaria's Garden oder Jardim da Cordoaria stehen auch ein paar Statuen. Die Fläche ist nicht groß, aber etwas Grünes mitten in der Stadt ist immer sehr schön. Das einzige was mich manchmal ein wenig stört sind die vielen lauernden Möwen, die überall in Bereitschaft stehen und auf Futter hoffen, zur Not reißen sie es auch mal aus den Händen. Die schönen und recht großen Möwen sind auf jeden Fall viel dreister als die harmlosen kleinen und unauffälligen Tauben in der Stadt. Automatisch ziehe ich immer den Kopf ein, wenn die Vögel im Schwarm über mich fliegen, auch wenn es nichts bringt, aber so ein großer Möwenschiss ist schon sehr unangenehm auf dem Kopf. Von diesem Park aus sieht man sehr gut die historischen Straßenbahnen und die katholische Kirche Igreja dos Clerigos, sowie einen tollen Straßenzug mit traditionell portugiesischen Fassaden der Wohn- und Geschäftshäuser. Die Barockkirche mit einem Marmoraltar und dem Torre dos Clérigos, das ist der markante Glockenturm, der zwischen 1754 und 1763 vom italienischen Architekten Niccolò Nasoni erbaut wurde. Mit fast 76 Metern Höhe ist er der höchste Kirchenturm von ganz Portugal und diente einst den Seefahrern als Orientierungshilfe. Heute ist er das Wahrzeichen der Stadt und kann für kleines Geld über 225 Stufen erklommen werden. Im Jahr 2013 gab die Banco de Portugal sogar eine 2 €-Münze mit der Abbildung des Torre dos Clérigos heraus. Die zugehörige Kirche Igreja dos Clérigos heißt übersetzt Kirche der Kleriker und ist eine bedeutende barocke Kirche in der Stadt Porto in Portugal.

Am liebsten würde ich alle Fotos in das Buch einstellen, aber dies ist nicht möglich, sonst würde es kein Reisebericht mehr sein, sondern hätte es weit größere Ausmaße als die originale Bibel und wäre somit unbezahlbar.

Weiter geht es zur nächsten kleinen Grünanlage, es handelt sich um den Park Parque do Horto das Virtudes, der sehr steil und mit vielen Treppen Richtung Meer ausgerichtet ist. Aus diesem Grund hat man dort einen sehr schönen Fernblick Richtung dem Fluss Douro. Auf der rechten Seite des Parks steht ein gewaltiger Ginkgobaum. In diesem Park, der früher zu einer angrenzenden Schule gehörte, gibt es viele verwinkelte kleine Mauern und Sitzecken die geradezu junge Pärchen in lauen Sommernächten einladen. Als ich so durch diesen Park lauf, fällt mir auf, ein gutes Gewerbe in Porto muss das Geschäft eines Treppenbauers sein, denn wie im Park, aber auch sonst überall gibt es unzählige Natursteintreppen in der hügeligen Altstadt von Porto. Mir hat dieser verwinkelte, am Hang liegende Park sehr gut gefallen, vielleicht auch deshalb, weil er so ganz anders ist als die üblichen Parkanlagen in einer Stadt.

Weiter laufe ich in Richtung Palacio da Bolsa, das ist von dem letzten Park grob in Richtung der Brücke Ponte Luiz 1. Dort gibt es eine perfekte Panoramasicht auf dem Weg zu unserem nächsten Ziel, weil das Gelände hügelig in Richtung Fluss immer bergab verläuft. Vor meinem Ziel sehe ich die alte historische, in Rot gehaltene, Markthalle Mercado Ferreira Borges und die Polizeistation ums Eck. Die Markthalle ist geschlossen. Deshalb laufe ich durch die Grünanlage vor dem Palacio da Bolsa, auf dem die Statue Jardim do Infante Dom Henrique steht. Der Henrique steht ganz oben und schaut Richtung Meer und unten stehen zwei große Engel, die aus dem gleichen Material gefertigt sind. Heinrich, dieser mutige und unerschrockene Entdecker aus dem 14. Jahrhundert war ein Seefahrer der Afrika entlang der Küste bis Cape Bojador segelte und katalogisierte. Er war der erste Mann, der so weit in den afrikanischen Süden vorgedrungen ist. Dieses Denkmal ehrt den Seefahrer, der 1394 in einem nahegelegenen Haus, mitten in dem historischen Viertel Ribeira geboren wurde.

Der Palacio da Bolsa heißt übersetzt Börsenplatz und war ursprünglich zur Nutzung als Börse und Handelsgericht geplant. Heute wird das Gebäude aus dem neunzehnten Jahrhundert als Konferenzzentrum genutzt und gehört zum UNESCO Kulturerbe. Das prächtige Gebäude wurde vom Architekten Joaquim Porto da Costa Lima Junior geplant, der einen vom Palladianismus beeinflussten neoklassizistischen Palast entwarf. Die Gelder für die Finanzierung erfolgte aus den privaten Kassen der Mitglieder der Handelskammer von Porto. Eine Besichtigung im Innenraum ist zu meiner Besuchszeit leider nicht möglich.

Nun laufe ich zu meinem Hauptziel des Tages, nämlich zur historische Stahlbrücke Ponte Luiz 1 und zwar auf das obere Brückenelement, auf dem sich die Metro und die Fußgänger bewegen dürfen. Schaut man auf dem Plateau zwischen den Schienen nach unten, so sieht man hindurch bis zum Fluss. Der Spalt im Metall ist zwar nur wenige Zentimeter breit, aber das reicht für viele Besucher mit Höhenangst, diese maximal nervös zu machen und in Furcht zu versetzten.

Das Wetter zieht sich leider ein wenig zu, aber trotzdem bietet die Altstadt ein atemberaubendes Panorama. Zur rechten Seite sieht man u.a. die zwei wichtigsten Kirchen, die katholische Kathedrale von Porto (li.) und Saint Lawrence Church (re.).

Die Kathedrale von Porto ist die Hauptkirche der Stadt Porto und die Bischofskirche des Bistums Porto in Portugal. Sie liegt auf einem Hügel in der Altstadt und ist seit 1996 im Weltkulturerbe der UNESCO. Die Kirche wurde Anfang des 12. Jahrhunderts im romanischen Stil begonnen. Aus dieser Zeit stammt die Doppelturmfassade mit den Rosettenfenstern und das Langhaus. Im 14. Jahrhundert wurde der gotische Kreuzgang errichtet. Im Jahre 1387 fand die Hochzeit von König Johann I. mit der englischen Prinzessin Philippa of Lancaster in dieser Kathedrale statt. In der Zeit des Barock und Rokoko wurde das äußere der Kathedrale massiv umgestaltet. Im 17. Jahrhundert wurde der Chor durch einen Neubau ersetzt und im 18. Jahrhundert mit Retabel, Chorgestühl und Wandmalereien ausgestattet. An der Fassade wurde das Portal und die Turmbekrönungen verändert. Der Kreuzgang wurde später mit blauweißen Azulejos (Fliesen), die typisch für Porto sind, dekoriert. Im 18. Jahrhundert schuf der italienische Architekt Nicolau Nasoni eine Loggia für die Nordfassade.

Die Saint Lawrence Church ist ein wunderschöner neoklassizistischer, aber auch ein manieristischer und barocker Tempel aus dem Jahr 1577 ist mit dem Großen Seminar verbunden. Die Kirche befindet sich direkt unterhalb der Kathedrale von Porto und am Eingang zu den mittelalterlichen Häusern der Kathedrale, wird sie von einem fantastischen Aussichtspunkt gekrönt. Es finden in dem Kirchengebäude auch Veranstaltungen für Orgelkonzerte statt.

Auf der Seite der Altstadt stehen zu beiden Seiten unterhalb der Brücke Ponte Luiz 1 und nahe der Brücke sehr viele unbewohnte alte Häuser und Ruinen. Auf der Sonnenseite nutzen inzwischen die Bewohner die Fläche teilweise zum Anbau von

Gemüse und auf den Dächern wachsen die Melonen, der Rest ist verwildert und grünt langsam zu.

Auf der Seite ins Landesinnere sieht man die nächsten Brücken, das ist im Vordergrund die Ponte do Infante. Eigentlich heißt sie Ponte Infante Dom Henrique, wird aber nur Ponte do Infante genannt und ist eine Straßenbrücke über den Douro zwischen der Altstadt von Porto und Vila Nova de Gaia. Die Brücke Ponte do Infante wurde benannt nach Infante Dom Henrique de Avis, besser bekannt als Heinrich der Seefahrer, der, wie schon beschrieben, in Porto geboren wurde. Die 2003 eingeweihte Brücke, ist die jüngste der 6 Brücken und zugleich die wichtigste Straßenbrücke im Zentrum von Porto. Sie wurde in nur drei Jahren im Freivorbau von beiden Seiten des Flusses her gebaut. Nach den ersten 35 Metern wurde auf jeder Seite ein provisorischer Pfeiler zur Unterstützung des Bogens, in der Bauphase, aufgestellt. Die Brücke ist 371 Meter lang und 20 Meter breit. Mit ihrer Stützweite von 280 Meter ist sie die weitest gespannte Brücke in Porto. Die leicht in Längsrichtung konvexe Brücke wurde mit vier Fahrspuren und beidseitigen Gehwegen ausgestattet. Die Fahrbahn wird jeweils an den äußersten Fahrspuren und in der Mitte durch niedrige Betonbarrieren, zur Sicherheit der Autos, eingefasst. Der Fahrbahnträger besteht aus einem rechteckigen, einzelligen Spannbeton-Hohlkasten mit einer gleichbleibenden Höhe von 4,50 Meter und einer auskragenden Fahrbahnplatte. Der Stahlbetonbogen ist gleichbleibend 1,5 Meter dick und im Scheitel ebenso breit wie im Hohlkasten. Der Planer des Brückenbauwerks war Adao da Fonseca & Associados.

Ungefähr 400 Meter weiter flussaufwärts steht die Brücke Ponte Maria Pia, die Stahlbrücke, wie anfänglich schon erwähnt, wurde von Gustav Eiffel gebaut und ist auf dem Foto nur bei genauer Sichtung zu sehen.

Die nächste Brücke landeinwärts ist die Brücke Ponte Sao Joao, die 1961 eingeweiht wurde. Diese Brücke Ponte da Arrabida wurde ebenfalls von Edgar Cardoso projektiert. Auch sie stellte wieder einen Weltrekord im Brückenbau dar, diesmal jedoch für Brücken mit geradlinigem Durchlaufträger ohne Bogen. Durch ihre Fertigstellung entlastete sie die alte Stahlbrücke Ponte Maria Pia, denn auf dieser konnten die Züge nur noch sehr langsam und eingleisig fahren. Eine besondere Herausforderung stellte der Bau der Grundpfeiler der Ponte Sao Joao, weil hier im Fluss Douro eine besonders starke Strömung herrscht.

Die Brücke Ponte do Freixo liegt am weitesten im Landesinneren und wurde 1995 eingeweiht. Weil der Straßenverkehr auf der Brücke Ponte da Arrbida und Ponte Luiz 1 überlastet war. Sie ist auf acht Grundpfeilern gebaut und besteht aus zwei Brückenkonstruktionen mit insgesamt acht Fahrspuren für den Straßenverkehr. Bereits im Jahre 2012 fuhren über 100 000 Autos pro Tag über diese Brücke.

Die erste Brücke vom Meer aus gesehen ist die Brücke Ponte da Arrabida, die auch wieder einen Weltrekord im Brückenbau erhielt, diesmal zur Fertigstellung im Jahre 1963, da war sie mit 72 Meter Spannweite die längste Stahlbeton-Bogenbrücke der Welt. Die Brücke ist 70 Meter hoch und 493 Meter lang und wurde nach den Plänen von Edgar Cardoso gebaut. Aktuell hat die Brücke in jeder Fahrtrichtung drei Spuren und einen Not Weg für Personen. Auf dem Foto ist die Brücke leicht zu erkennen, weil sie die einzige mit großen neuen Hochhäusern im Hintergrund ist.

Die schönste aller Brücken ist immer noch die Ponte Luiz 1, von der man wunderschön den geschlängelten Verlauf des Flusses Douro bis zum Meer sehen kann. Auf der linken Seite sind die Portweinmuseen mit ihren historischen Booten und auf der anderen Seite befindet sich die malerisch schöne Altstadt von Porto. Auf einem Foto der Brücke Ponte Luiz 1 sieht man sehr gut den unteren steinernen Torbogen für die Autos und oben die Fahrbahn für die Metro. Beide Brückenelemente bin ich komplett abgelaufen und stell fest, dass sie gut für Fußgänger ausgelegt sind, weil genug Platz zum Auto und dem

Schienenverkehr berücksichtigt wurde. Die Panoramaaussicht ist von der Brücke in allen Richtungen einzigartig schön.

Am oberen Ende der Brücke fängt die gewaltige historische Festung Mosteiro da Serra do Pilar an, die leicht an ihrem weißen runden Turm zu erkennen ist. Auch diese Festung wurde im Jahre 1996 in das UNESCO-Welterbe aufgenommen. Die runde Kirche, mit ihrem runden Kreuzgang ist sehr außergewöhnlich und einmalig in Portugal. Allerdings ist sie eine Kopie der Kirche Santa Maria Redonda in Rom. Wegen der fehlenden Finanzmittel und der politischen Lage dauerte die Fertigstellung über 72 Jahre. Weil zur Zeit der Erbauung Portugal von den Spaniern erobert wurde, bekam die Kirche einen Namen eines spanischen Heiligen, nämlich Nossa Senhora do Pilar. 1832 wurde während der Belagerung Portos der militärische Wert dieser Anlage erkannt, als sie in eine improvisierte Festung verwandelt wurde. Der säkularisierte Konvent gehörte den Domherren des Santo Agostinho, die sich dort im 16. Jahrhundert ansiedelten. Zu Anfang des 20. Jahrhunderts wurde es in eine Truppenkaserne umgewandelt und heute ist sie im Besitz des militärischen Regiments Regimento de Artilharia da Serra do Pilar. Direkt vor der Kirche befindet sich ein herrlicher Aussichtspunkt, von dem man die Stadt Porto und den Fluss Douro in seiner ganzen Schönheit bewundern kann.

Weil ich schon immer das Nationalgericht von Portugal probieren möchte, besuche ich ein kleines sehr gutes und ordentliches Restaurant, das mir eine Francesinha für 9 Euro serviert. So Order ich eine Portion und einen halben Liter Rotwein aus der Karaffe für 5 Euro hinzu. Die Francesinha besteht aus zwei gerösteten Scheiben Brot, dazwischen eine Scheibe fettes gegrilltes Bauchfleisch und eine Scheibe mageres Rindfleisch, zwischen den einzelnen Lagen und über alles ist eine dicke Schicht Käse. So eine Francesinha ist eine echte Kalorienbombe und sättigt sehr schnell. In der Wirtschaft war es pikobello sauber und dazu noch gemütlich. Zudem ist diese Pause dringend nötig, denn meine Beine schmerzen und sind schon wieder an ihrer Belastungsgrenze.

Eine weitere portugiesische Spezialität ist die Chourico, sie ist die bekannteste und beliebteste Wurst Portugals. Jeder Portugiese kennt diese Wurst und isst sie leidenschaftlich gern. In manchen Teilen Portugals heißt sie Chourica oder sogar Linguica, aber es ist immer die eine Wurst. In der Zubereitung der Wurst gibt es Unterschiede, so wie bei den verwendeten Fleischsorten und gewählten Gewürzen. Die Chourico passt sehr gut zu Brot und Wein und schmeckt sowohl roh, als auch angebraten. Die Wurst Chourico ist eine wichtige Zutat für portugiesische Gerichte wie Feijoadas, dass ein Bohneneintopf mit Fleischeinlage, oder ein Favadas, der portugiesischen Zubereitung für Dicke Bohnen. Sie schmeckt aber auch gut angebraten zu Kartoffeln und Nudeln oder als Beilage zu Reis mit Bohnen.

Chourico oder Chourica ist eine würzige portugiesische Räucherwurst, die aus Schweinefleisch, Schweinefett, Rotwein, Paprika, Salz und Knoblauch hergestellt wird. Für die Lieb-haber der scharfen Variante wird noch Cayennepfeffer dazu gegeben. Diese Wurstmasse wird üblicherweise in einen natürlichen Darm gefüllt und langsam geräuchert, luft-getrocknet oder auch gekocht. Traditionellerweise wird sie unter Verwendung von verschiedenen Schweinefleischstücken hergestellt. Es gibt aber auch Chourico aus Puten- oder Rind-fleisch und für Vegetarier, die fleischlose Fraktion, mittler-weile sogar aus Soja. Die geräucherte Variante darf unter-schiedlich lange ruhen vor dem Räuchervorgang mit Rauch vom Eichenholz. Jede Region und Qualitätsstufe hat hier ihre eigene Variante, sie kann hart oder weich sein und beinhaltet mal mehr oder weniger größere oder kleinere Speckwürfel. Die spezielle Wurst Chourico de Carne kommt aus der Region Estremoz und wird beispielsweise aus den freilaufenden Alentejo-Schweinen hergestellt, die fast nur Eicheln fressen. Das Bauchfleisch und die Schulter darf nicht mehr als dreißig Prozent Fett enthalten. Eine geräucherte Chourico aus dem

Gebiet von Mouro dagegen ist dunkel, weil hier Schweineblut mitverwendet und zusätzlich mit Kümmel gewürzt wird. Diese drei bis vier Zentimeter dicke Wurst hat in Mouro immer die Form eines Hufeisens.

Die Form der Chourico ist entweder lang und gerade oder gebogen wie ein Hufeisen. Die geräucherte Art der Chourico ist ungekühlt sehr lange haltbar, hingegen muss die gekochte Version schnell verzehrt oder im Kühlschrank aufbewahrt werden.

Nun begebe ich mich über die Brücke Ponte Luiz 1, um auf der anderen Seite rechts das Portweinviertel mit seinen namenhaften Portweinproduzenten etwas näher zu besichtigen. Die wichtigsten Portweihersteller, die auch in der Stadt Vila Nova de Gaia ihr Lager, Vertrieb und Museum haben, so wie eine Weinprobe anbieten sind von der Brücke Ponte Luiz 1 aus gesehen die Firmen Burmester, Calem, Sandeman, Porto Cruz, Vasconcellos, Offley, Croft, Ramos Pinto, Ferreira, Cockburn's, Curchill, Graham's, Taylor's Port, Rozes und etwas weiter weg Real Companhia Velha. Diese fünfzehn Firmen sind in Porto die wichtigsten und größten Betriebe, die den süßen und sehr starken Portwein herstellen. Portwein ist ein Begriff für Portugal, wie der Champagner in Frankreich, der nur aus bestimmten Anbaugebieten so genannt werden darf und juristisch namentlich geschützt ist. Von den Portwein-herstellern kann man wieder sehr schön auf die andere Flussseite nach Porto, in das Gebiet Ribeira, mit seinen wunderschönen traditionellen portugiesischen Häusern, schauen. Am Ufer des Portweinviertels liegen diese schönen Boote, die ich am Anfang schon ausführlich erwähnt habe. Diese Rabelo-Boote sind entweder bunt angestrichen, mit den Farben im Familienwappen der Eigner oder einfach nur natürlich in Holz belassen. In diesem Viertel sind die Bars, Restaurants, Terrassen und die Straßen voll mit Bussen und Menschen, die hierher aus der ganzen Welt kommen, um etwas über den berühmten Portwein zu erfahren und ihn zu probieren. Beim Portweinhersteller Calem mit seinem Museum mach ich eine Führung und das sogar noch in Deutsch. Aussuchen darf ich mir, ob ich mit einem-, zwei-, drei- oder vier Gläsern die Portweinprobe durchführen will, davon hängt der Preis ab. Nach kurzem Überlegen entscheide ich mich für drei Sorten und ich kauf das Ticket mit der Portweinprobe für 25 Euro.

Ich lauf durch die elektronischen Eingangsschranken und diese öffnen sich automatisch, wenn die Eintrittskarte über dem Scanner gelesen wird. Das Haus/Museum Calem macht auf mich einen sehr modernen und professionellen Eindruck, denn alles funktioniert hier elektronisch, mit Laser und unsichtbaren Projektoren usw.. Bei der Führung zeigt man uns u.a. die geografische Lage und ein riesengroßes beleuchtetes Foto des Portweinanbaugebietes. Danach wird eine dreidimensionale Landkarte mit Lasershow gestartet, die alles im Detail erklärt und am Modell optisch vorführt. Das ist wirklich sehr edel und vom feinsten, so etwas habe ich in dieser guten Qualität noch nirgends gesehen.

Unser Guide, eine attraktive Frau erzählt uns alles über diesen Traubensaft. Portwein ist zum größten Teil ein roter, seltener auch ein weißer süßer Wein. Er stammt aus der Region Alto Douro im portugiesischen Dourotal. Wie anfangs schon erwähnt ist Namensgebend die portugiesische Hafenstadt Porto, in die der Wein traditionell nach seiner Produktion zur Reifung, Lagerung und zum internationalen Vertrieb von Peso da Regua aus über den Douro früher flussabwärts verschifft wurde. Heutzutage wird der größte Teil mit modernen LKW transportiert.

Je nach Qualität und Anlagen wird der Traubensaft nach verschiedenen Verfahren ausgebaut, woraus sich unterschiedliche Stile, Reifegrade und Qualitätsstufen ergeben. Der hochwertigste Portwein ist der Vintage Port. In einem besonders guten Jahrgang kann aus ihm einer der geschmacklich vielfältigsten und langlebigsten Weine der Welt kreiert werden. Durch einen sehr langen Ausbau der besonders guten Jahrgänge und anschließende Flaschenlagerung entwickelt der Wein ein besonderes Aroma.

Geschichtlich gesehen nahm der Weinanbau zu den Zeiten der Römer deutlich an Fahrt auf und wurde für die Region um Porto bedeutsam. Heinrich von Burgund ließ im 11. Jahrhundert in einigen Gegenden neue Rebsorten pflanzen. Weitere Weingärten wurden im Dourotal im 13. Jahrhundert angelegt. Vorrangig wurde der Vinho de Lamego, das ist der Vorgänger des Portweins, produziert. Der Wein wurde nach der 8 Kilometer entfernten Stadt Lamego benannt. Im Jahre 1373 wurde zwischen Portugal und England ein Handelsabkommen abgeschlossen, das folgende Vereinbarung schriftlich fixiert. Für die Lieferung des portugiesischen Vinho de Lamego nach England dürfen im Gegenzug die Portugiesen Kabeljau vor der britischen Küste fischen.

Der erstmalige Beweis für die Bezeichnung Porto, für die Weine aus dem Dourotal konnte im Jahre 1678 in alten Zolldokumenten nachgewiesen werden. Weil die Beziehungen von England zu Frankreich zu dieser Zeit sehr schlecht war und die Nachfrage an Wein in England stieg, versuchten die englischen Kaufleute neue Lieferanten für Weine in Europa zu finden. Im 17. Jahrhundert war jedoch die Qualität, Lagerbedingungen und die Haltbarkeit u.a. auf dem Transport durch die mangelnde Hygiene schlecht.

Nur Mönche waren zu dieser Zeit in der Lage einen Wein herzustellen, der sowohl trinkbar, als auch lagerfähig war. Der Geschichte nach sollen die englischen Kaufleute in einem Kloster den Priest-Port entdeckt haben. Dieser Priest-Port wurde haltbar gemacht, indem man dem Wein während der Gärung Neutralalkohol hinzufügte und dadurch den Gärprozess stoppte. Der unvergorene Restzucker der Trauben verleiht dem Portwein seinen bekannten süßen Geschmack. In den traditionellen Rabelo-Booten wurde dieser Priest-Port in kleinen Holzfässern vom Dourotal in die Handelshäfen, z.B.

Porto geliefert, um sie dort in die großen Handelsschiffe umzuladen und nach England zu transportieren.

Die Geschichte und die vielen tollen Informationen in dem Museum des Portweins gehen historisch noch deutlich weiter, aber dies in diesem kleinen Reisebuch darzustellen ist dann eventuell doch ein wenig zu einseitig.

Es wird uns in unserer Gruppe noch ganz genau alles über die Entstehung und Umsetzung des ersten Reinheitsgebotes des Portweines erklärt, die Anbaugebiete, die Rebsorten, wie der Wein gelagert und im Detail hergestellt wird, welche Weine wie lange in welchen Behältnissen reifen, wie die Geschmacksrichtungen sind, wie man den Wein trinkt, welche Temperatur und welches Glas richtige ist, welches Land wieviel Portwein trinkt, wieviel verschiedene Sorten Portwein es gibt, was der Wein kostet und vieles mehr.

Unsere Gruppe verkostet in einem sehr schönen Ambiente die unterschiedlichen Portweine und unser Guide erklärt uns alles Wissenswerte dazu. Für viele war dies das High Light der Führung in dem Portweinmuseum von Calem. Ganz ehrlich muss ich sagen, mir schmeckt der Portwein auch sehr gut und ich werde Zuhause das eine oder andere Tröpfen in Zukunft genießen. Am Ende haben wir noch die Möglichkeit etwas in einem schönen Verkaufsraum zu kaufen, was gern genutzt wird.

Nun war ich über 2 Stunden Gast in diesem Haus und hatte eine schöne und lehrreiche Zeit in dem Museum von Calem.

Der Tag verging wie im Flug und die Zeit lief mir davon, eiligst besorgte ich mir mit meinen Reisefreunden ein Taxi und fahr schnell zum Kreuzfahrtschiff zurück, aber nicht ohne noch eine schöne Nachtaufnahme von Porto zu machen. Denn der Blick über die Stahlbrücke und die Stadt Porto ist bei Nacht mindestens so schön wie am Tage. Porto ist einfach spitze, ich glaube damit ist alles gesagt von dieser fantastischen Stadt.

Unser Taxi erreicht den Hafen nur ein paar Minuten vor der Abfahrt des Schiffes und so rennen wir gemeinsam zur Aida Bella und sind genau eine Minute vor dessen Abfahrt an Bord. Nach diesem Tag bin ich fix und fertig, meine Beine schmerzen wie verrückt, eiligst lauf ich zur Bar um ein ganz großes Bier zu trinken und meine Nerven zu beruhigen, denn das war wirklich sehr knapp. Nicht auszumalen, was passiert wäre, wenn ich das Schiff nicht mehr erreicht hätte.

An diesem Abend esse ich nur noch eine Kleinigkeit und dann fall ich todmüde ins Bett, denn dieser Tag war zwar wunder-schön, aber eigentlich habe ich viel zu viel unternommen und dadurch wurde es anstrengend und stressig, das muss so nicht sein. Da soll mir mal einer noch sagen, so eine Kreuzfahrt ist langweilig und es wird nur gegessen und getrunken auf so einer Fahrt, denn so ist es wirklich nicht.

Im „AIDA HEUTE" lese ich noch schnell, dass wir morgen nach 194 Seemeilen (360 km) um 8:30 Uhr in Lissabon anlegen und um 19:00 Uhr abfahren, natürlich müssen wie immer alle Gäste 30 Minuten vor der Abfahrt an Bord sein. In Lissabon erwartet uns wechselhaftes Wetter bei 18 °C und unser Kapitän teilt uns am Abend noch mit, dass wir keinen Regenschirm mitnehmen sollen, denn es wird nicht regnen. Die Sonne geht um 7:07 Uhr auf und um 17:32 Uhr unter auf dem 38° 43' Nördlicher Breite und 9° 10' Westliche Länge am 4 November in Lissabon.

Eigentlich will ich am nächsten Morgen im Bett liegen bleiben, aber Lissabon ist eine sehr schöne Stadt in der ich schon ein paarmal mit dem Kreuzfahrtschiff war und zudem die letzte Station in Europa auf dieser Kreuzfahrt ist. Danach folgen 7 Seetage und deshalb reiß ich mich zusammen und stehe früh auf, um u.a. die fantastische Hafeneinfahrt zur Hauptstadt von Portugal nicht zu verpassen. Denn ich weiß genau, es ist die riesige Christus Statue und die beeindruckende rote Stahl-hängebrücke vor dem Panorama von Lissabon zu sehen.

Der Cristo Rei ist eine Christus-Statue in Almada, die südlich der Hauptstadt von Lissabon in Portugal aufgestellt ist. Mit ausgebreiteten Armen wendet sich die Figur des Christus König der Ponte 25 de Abril und der Stadt Lissabon zu. Sie steht auf einem 82 m hohen Sockel. Dieser befindet sich 133 m über dem Fluss Tejo. Die Statue selbst ist 28 m hoch und damit die neunthöchste Christusstatue der Welt. Das Monument ist eines der höchsten Bauwerke Portugals und die wichtigste Sehenswürdigkeit in Almada. Wegen ihrer gewaltigen Höhe und der Lage bietet die Statue einer der besten Aussichtspunkte auf die schöne Hauptstadt Lissabon. Mit Fátima und Santiago de Compostela zählt sie zu den drei wichtigsten Wallfahrtsorten der Iberischen Halbinsel. Meine Mitreisenden, vor allem die, die diese wunderschöne Statue noch nicht gesehen haben, sind total beeindruckt von diesem schönen und gewaltigen Meisterwerk.

Als im Jahre 1934 der Erzbischof von Lissabon Dom Manuel Gonçalves Cerejeira die damalige Hauptstadt Brasiliens besuchte, inspirierte ihn der mit 30 m Höhe etwas größere 1931 eingeweihte Cristo Redentor in Rio de Janeiro zu einer Nachbildung in Lissabon. Es gelang ihm, den portugiesischen Episkopat von seinem Plan zu überzeugen. Bei einer großen Versammlung am 20 April 1940 in Fátima gelobten die Bischöfe, die Statue zu errichten, sollte Gott Portugal vor dem Zweiten Weltkrieg verschonen.

Nach dem Ende des Krieges begann am 18 Dezember 1949 der Bau der Statue. Die Christus-Skulptur wurde vom bekannten portugiesischen Bildhauer Francisco Franco de Sousa hergestellt und der portugiesische Architekt António Lino entwarf den Sockel. Nach rund 10 Jahren Bauzeit und Kosten von umgerechnet 19 Mio. Euro wurde die Statue am Pfingstsonntag 17 Mai 1959 eingeweiht. Zu dieser Feierlichkeit nahmen über 300 000 Menschen teil, darunter die Erzbischöfe des Erzbistums São Sebastião do Rio de Janeiro und des Erzbistums Lourenço Marques. Papst Johannes XXIII. War leider nicht anwesend, übersandt aber seine Grüße. Anlässlich des 25. Jahrestags der Einweihung wurde 1984 ein Plan zum Ausbau des Geländes verabschiedet. Gebaut wurde ein Empfangszentrum mit Verwaltungsgebäuden und einer Kapelle. Im Jahre 2001wurden die Gebäude saniert. Am 17 Mai 2007 wurde die Sala João XXIII mit acht Malereien zum Thema Pax in Terris eingeweiht und am selben Tag wurde vor der Statue die Cruz Alta niedergelegt, die sich zuvor im Heiligtum von Fátima befand.

Die Ponte 25 de Abril, in Deutsch Brücke des 25 April, wurde am 6 August 1966 eröffnet und ist ein 3,2 Kilometer langer Brückenzug in Lissabon. Mit seinen 2278 Meter Länge, 30 Meter Breite und einer lichten Höhe von 70 m ist diese Hänge-brücke, die über den Fluss Tejo führt, Welt weit nach der Yavuz-Sultan-Selim-Brücke und der Tsing-Ma-Brücke, die drittlängste Hängebrücke mit kombiniertem Straßen- und Eisenbahnverkehr. Sie verbindet in Nord-Süd-Richtung den Lissabonner Stadtteil Alcântara mit der Stadt Almada. Über die Brücke führt in sechs Spuren die Autobahn. Unter den Einheimischen wird sie schlicht und einfach nur Ponte genannt. Als wir mit dem Kreuzfahrtschiff unter dieser gewaltigen und beeindruckenden Stahlkonstruktion hindurch fahren, sieht dieses Bauwerk nicht nur so gewaltig aus und man ist von der Ingenieurskunst total begeistert, sondern hört man jeden einzelnen Pkw, Lkw oder Bus und noch deutlich lauter den Zug. Ja von unten kann man sogar die Fahrzeuge durch die Stahlelemente hindurch fahren sehen.

Am 5 November 1962 wurde mit dem Bau der gewaltigen Stahlhängebrücke begonnen und der dafür benötigte Stahl wurde aus den Vereinigten Staaten importiert. Von den bis zu 3000 Arbeitern auf dieser Baustelle verloren leider vier ihr Leben. Mit der Fertigstellung im August 1966 wurden zirka 2,2 Millionen Personenstunden benötigt, wobei die geplante Bauzeit um sechs Monate unterschritten wurde. Da staunt der Fachmann, denn so etwas hört man heutzutage niemals von einem Bauwerk in dieser Größenordnung. Es gibt immer nur

Infos darüber, wieviel Zeit es länger dauert und was es mehr kostet.

Ganz interessant zu wissen ist auch, dass erst im Jahre 1996 bis 1999 die untere schon geplante Fahrbahnebene für den Zugverkehr erweitert und fertig gestellt wurde. Dazu war erforderlich, dass neue Hauptseile und Betonverankerungen gesetzt werden mussten, um die zusätzliche Last zu tragen. Über diese Brücke fahren nur regionale Personen- und Fernverkehrszüge. Der Güterverkehr von Norden nach Süden hingegen verläuft über die Brücke Linha de Vendas Novas, die in Vendas Novas in die Linha do Alentejo übergeht, während diese dann in Funcheira in die Linha do Sul mündet. Seit 1991 dient die Brücke einmal im Jahr als Startpunkt für den Halbmarathon von Lissabon. Seit September 2017 ist es auch als Fußgänger möglich auf das gewaltige Bauwerk zu gelangen, denn die Aussichtsplattform Pilar 7 wurde eröffnet, die einen Zugang zur Brücke auf Höhe der Straßenfahrbahn ermöglicht.

Bereits im Jahr 2006 überquerten in den Spitzenzeiten deutlich über 7 000 Straßenfahrzeuge pro Stunde die Brücke und am Tag nutzten über 150 000 Straßenfahrzeuge und rund 160 Züge im Durchschnitt diese Verbindung. So überqueren in ganz normalen Zeiten über 390 000 Personen täglich den Fluss über diese Stahlhängebrücke.

Die Baukosten der Stahlbrücke beliefen sich damals auf rund 32 Millionen US$. Die Brücke sollte durch Mauteinnahmen über die Jahre finanziert werden, dazu erfolgte die Mauterhebung anfangs in beiden Richtungen und seit 1993 wird diese in Almada nur noch für die Süd-Nord-Richtung, das ist stadteinwärts, verlangt.

Aufgrund der Farbe mit dem roten Anstrich und den fachwerkartigen Versteifungsträgern hat die Ponte 25 de Abril auf den ersten Blick Ähnlichkeiten mit der Golden Gate Bridge in San Francisco. Allerdings sieht sie bei näherem Hinschauen doch anders aus und ist in den meisten Maßen kleiner als die Golden

Gate Bridge in den USA. Das eigentliche Vorbild ist die ebenfalls doppelstöckige San Francisco Bay Bridge, die auch von der American Bridge Company, jedoch schon in den 30er Jahren gebaut wurde. Als Schwesterbrücke kann die Forth Road Bridge in Edinburgh bezeichnet werden, weil diese Brücke in der Konstruktion sehr ähnlich ist und sie gleichzeitig gebaut wurde.

Nach dem Bestaunen der zwei wichtigen Sehenswürdigkeiten auf dem Seeweg nach Lissabon erreichen wir die historische und wunderschöne Hauptstadt von Portugal. Die Sicht auf Lissabon ist wunderschön und nach dem kleinen Frühstück verlasse ich die Aida Bella um in die Stadt einzutauchen. Natürlich ohne Regenschirm, auch wenn der Himmel mir etwas Anderes zeigt, aber unser Kapitän hat gesagt, es regnet nicht und wir sollen den Schirm an Bord lassen.

Lissabon, auf Portugiesisch Lisboa, ist wie schon gesagt die Hauptstadt Portugals, sowie des gleichnamigen Distrikts Lissabon. Sie ist mit knapp 550 000 Einwohnern, sowie mit fast 3 Mio. Menschen im Großraum Lissabon, eine der größeren Städte in der Europäischen Union. Die Metropole liegt an einer Bucht der Flussmündung des Tejo im äußersten Südwesten Europas an der Atlantikküste der Iberischen Halbinsel. Außerhalb der Stadt Lissabons laden viele schöne Sandstrände zwischen Cascais und Estoril am Atlantik zum Schwimmen und Baden ein.

Der Handelshafen an der Tejo-Bucht bestand schon zu den Zeiten der Römer und wurde von Ihnen Alis Ubbo genannt. Lissabon, eine Gründung der Phönizier, erhielt schon zu Zeiten Julius Caesars unter dem Namen Colonia Felicitas Iulia römisches Stadtrecht. Im Jahre 711 fiel der Ort wie der größte Teil der Iberischen Halbinsel an die Mauren und erst im Kontext des Zweiten Kreuzzugs wurde Lissabon im Jahr 1147 portugiesisch und damit wieder unter christliche Herrschaft gestellt. Nach der Verlegung des Königssitzes von Coimbra wurde die Stadt im Jahr 1256 unter König Afonso III. zur

Hauptstadt des Königreichs Portugal ernannt. Um das Jahr 1500 erlebte Lissabon einen brillanten Aufstieg zu einer der glanzvollsten Handels- und Hafenstädte der damaligen Zeit.

Ein gewaltiges Erdbeben besiegelte im Jahr 1755 den wirtschaftlichen Niedergang der Stadt, der bereits Jahrzehnte zuvor schleichend eingesetzt hatte, und sorgte in ganz Europa für Aufsehen. Erst im 19. Jahrhundert erlebte Lissabon einen Wiederaufstieg.

Im letzten Viertel des 20. Jahrhunderts ist die Stadt allerdings massiv von einst 800 000 auf rund 500 000 Einwohnern geschrumpft, da viele Menschen in das Umland gezogen sind. Weil Lissabon mit erheblichen strukturellen Problemen zu kämpfen hat, in der Hauptsache wegen der maroden Bausubstanz vieler Gebäude und dem enormen Straßenverkehr. Durch einige Infrastrukturprojekte hat bereits eine erkennbare Modernisierung eingesetzt, die sich u. a. in Wohnungsbau- und Renovierungsprogrammen oder auch in einem wachsenden Radwegenetz und Ausbau des öffentlichen Nahverkehrs zeigt. Im Jahr 2020 wurde Lissabon sogar zur Umwelthauptstadt Europas gekürt. Aber auch als IT-Standort hat sich Lissabon inzwischen etabliert und glänzt mitwachsender Anzahl Start-up-Unternehmen, IT-Entwicklungsabteilungen internationaler Unternehmen, oder auch seit 2016 als Gastgeber des Web Summit, einem bedeutenden internationalen Technologie-treffen.

Als größte Stadt Portugals mit dem wichtigsten Hafen, dem Regierungssitz, den obersten Staats- und Regierungsbehörden, mehreren Universitäten und der Akademie der Wissenschaften ist die Stadt heute das politische, wirtschaftliche und kulturelle Zentrum des Landes Portugal. Im Jahr 1994 war Lissabon sogar Kulturhauptstadt Europas, mit der Expo 98 fand hier die Weltausstellung statt, und mit dem Hieronymiten Kloster und der Torre de Belém beherbergt die Stadt UNESCO-Welterbe-stätten, die seit 1983 eingetragen sind. Auch der hier beheimatete Fado ist seit 2011 UNESCO-geschütztes

Immaterielles Kulturerbe. Zahlreiche internationale Groß-veranstaltungen finden häufig in Lissabon statt, darunter der Eurovision Song Contest im Jahr 2018, der MTV Europe Music Awards 2005, sieben Rock-in-Rio-Festivals oder Fuß-ball-Finalspiele wie das der Fußball-Europameisterschaft 2004, des UEFA-Pokals 2005 und die UEFA-Champions-League-Finale 2014 und 2020, neben einer Vielzahl weiterer kultureller und sportlicher Veranstaltungen. Vor allem seit 2010 zogen eine Reihe international bekannter Persönlichkeiten nach Lissabon, z.B. Schauspieler, Musiker und Sportler. Dadurch wurde die Attraktivität der Stadt erheblich gesteigert und somit mehr Touristen angezogen. Heutzutage laufen Kreuzfahrt-schiffe, wie z.B. die Aida Bella, die Stadt häufig an. Lissabon gewann mehrfach internationale Preise als Reiseziel, etwa die World Travel Awards in Kategorien wie bestes Städtereiseziel im Jahr 2019 oder bestes Kreuzfahrtziel in 2020.

Auf meiner Tour zu Fuß durch Lissabon besuche ich als erstes den gewaltig großen und wunderschönen Platz Praça do Comércio. Er liegt direkt am Tejo und in der Mitte steht eine wunderschöne Reiterstatue von José I, die von Joaquim Machado de Castro entworfen wurde. Um diesen Platz befinden sich U-förmig angebrachte schlossartige Gebäude und in der Mitte führt der Weg durch einen gigantischen und wunderschönen historischen Torbogen in die wichtigste Straße, der Arco da Rua Augusta, von Lissabons Baixa Pombalina. Die Praça do Comércio, in Deutsch der Platz des Handels, gehört neben dem Rossio und der Praça da Figueira zu den drei wichtigsten Plätzen innerhalb der Baixa Pombalina. Der Platz ist noch immer unter seinem alten Namen, Terreiro do Paço, in Deutsch Palastgelände, bekannt, da sich bis zum verheerenden Erdbeben von 1755 das Paço da Ribeira, das königliche Ufer-schloss, dort befand. Nach dem schlimmen Erdbeben erhielt das Gelände eine völlig neue Form im Rahmen der durch Sebastião José de Carvalho e Melo, den Marquês de Pombal, veranlassten städtischen Umgestaltung. Am südöstlichen Ende des Platzes befindet sich der Tejo-Fährenterminal Terreiro do Paço, sowie der U-Bahnhof Terreiro do Paço.

Weiter geht mein Weg durch den genannten Torbogen in die Straße Arco da Rua Augusta. Hier brummt das Leben und zu beiden Seiten sind sehr viele hochpreisige Restaurants, die ihre Sitzgelegenheiten auch mittig auf der Straße, im Freien unter großen Schirmen, aufgestellt haben.

Ziellos laufe ich durch die Stadt und schaue mir die vielen imposanten Stadthäuser und Villen an, ebenso wie die große Festungsanlage auf der rechten Seite, die sehr bequem über öffentliche Rolltreppen zu erreichen ist. Auffällig sind, wie in Porto, die vielen kleinen historischen elektrisch betriebenen Straßenbahnen, die das schöne Stadtbild mitprägen.

Dann entdecke ich einen 45 Meter hohen stählernen Aufzug, der mitten in der Stadt zwischen den Stadthäusern emporragt. Er trägt den Namen Elevador de Santa Justa und ist ein echter Publikumsliebling. Im Jahre 1900 bis 1902 wurde der stählerne graue Aufzug im neugotischen Baustil errichtet und dort kann man heute für 6 € hinauffahren und die Aussicht über Lissabon genießen, oder von dort aus in die Altstadt gehen. Früher wurde der stählerne Aufzug, der für maximal 24 Personen zugelassen ist, mit Dampfmaschinen betrieben, die bereits 1907 durch Elektromotoren ersetzt wurden.

Da mir zu viele Menschen vor dem Aufzug stehen und ich ewig warten muss, habe ich beschlossen den Fußweg nach oben zu gehen, um dort die Aussicht zu genießen. Auf dem Weg dorthin laufe ich durch alte Geschäftsstraßen, in denen moderne und hochwertige Verkaufsläden untergebracht sind. Zu entdecken ist aber auch schon die gewaltige Kirche in der Altstadt. Um es vorweg zu nehmen, die Altstadt schaue ich mir später auch an, dort sind kleine Geschäfte, Restaurants, Wohn-häuser, das Schloss mit dem historischen Wachpersonal vor den grün-weiß-gestreiften Wachhütten und vieles mehr gibt es zu entdecken. Es lohnt sich auf jeden Fall auf die stählerne Aussichtsplattform zu gehen, denn die Aussicht ist über-wältigend schön. Hier sieht man den größten Teil von Lissabon und erkennt die ganze Schönheit der Stadt.

Mein Weg führt weiter durch die Stadt Lissabon und es gibt viele Plätze und schöne Statuen von sehr wichtigen Persönlichkeiten zu entdecken, aber auch ganz moderne Gebäude sind zu finden, sowie kunstvolle Objekte wie z.B. ein Fuchs oder eine Katze aus Restmaterialien erstellt. Bunte und sehr hochwertige wunderschöne Graffiti sehe ich ebenfalls an den Hauswänden.

Irgendwie bin ich dann auch noch in ein Vergnügungsviertel geraten, dies erkenne ich sofort an den Etablissements, welche auf mich einen netten Eindruck hinterlassen, zumal die Fußgängerstraße mit bunten Farben bemalt ist und über den kleinen und schicken Straßenrestaurants die ganze Straße mit bunten Regenschirmen bespannt ist.

Links vom Hauptbahnhof ist die Mercado da Ribeira an der Avenida 24 de Julho zu finden, es handelt sich hierbei um die Alte Markthalle wo seit dem 19. Jahrhundert frischer Fisch, Gemüse und Obst verkauft wird. Sie ist leicht zu erkennen an dem schönen großen historischen Gebäude mit Türmchen und einer Uhr über dem zentralen Eingang. Die Markthalle wurde ab 1876 nach Plänen des Ingenieurs Frederico Ressano Garcia am nördlichen Tejoufer in unmittelbarer Nähe zum Cais do Sodré errichtet und 1882 eröffnet. Bei der Gestaltung verwandte er Elemente der Eisenarchitektur. Ein Brand im Juni 1893 zerstörte Teile der Ostseite des Marktes. Unter dem Architekten João Piloto wurde die Halle ab 1902 erweitert. Ab den 90er Jahren wurde das erste Stockwerk des Gebäudes auf Betreiben der Stadtverwaltung zu einem Kulturzentrum umgebaut. Dort finden seither verschiedene musikalische Veranstaltungen statt. Nach einem allmählichen Niedergang suchte die Stadt 2010 mit einer Ausschreibung einen neuen Betreiber zur Wiederbelebung des Marktes. Den Zuschlag erhielt das Lissaboner Livestyle-Magazin Time Out Lisboa. Im Jahr 2014 wurde der Westflügel der Markthalle völlig neugestaltet, es entstanden 35 Food-Stände um den zentralen Innenraum mit Holzbänken und -tischen bieten Fast Food, Nouvelle Cuisine sowie traditionelle portugiesische Küche, der Schwerpunkt liegt vor allem auf regionalen Produkten. Nach dem sehr erfolgreichen Konzept werden 2019 von Time Out inzwischen international acht weitere Märkte in Europa und den USA betrieben. Neben dem neugestalteten gastromischen Bereich wird die Osthalle weiterhin als klassische Markthalle mit Marktständen für Obst, Gemüse, Fleisch und Fisch genutzt. Diese Markthalle ist wirklich fantastisch, denn auf der einen Seite ist wie gesagt der klassische Markt und auf der anderen Seite eine ganz tolle Gastronomie, die einen sofort einlädt zum Schauen und Staunen. Nachdem ich alles ganz in Ruhe besichtigt habe bin ich wieder einmal fix und fertig, meine Beine rufen nach einer Pause, zumal das Wetter schlechter wird, ist das der richtige Zeitpunkt. Deshalb kehre ich in einer kleinen portugiesischen Kneipe in der Markthalle ein und bestelle ein frisch gezapftes kühles blondes Super Bock Bier. Aber in der maximalen Größe mit 0,5 Liter. Etwas später trinke ich noch ein kleines Glas Rotwein und laufe wieder ganz entspannt weiter.

Auf dem Weg zum Elevador de Santa Justa entdecke ich einem kleinen Bäcker mit Café, der seine leckere Pastel de Nata hinter dem Schaufender zubereitet. Das ist super und dies muss ich sofort mit einem Foto einfangen.

Pastel de Nata ist ein Blätterteigtörtchen mit Konditorcreme, das bereits vor dem 18. Jahrhundert von den Mönchen des Mosteiro dos Jerónimos aus dem Hieronymus Kloster in Belém, heute ein Stadtteil Lissabons, hergestellt wurde. Weil das Kloster im Jahre 1834 geschlossen wurde verkauften die Mönche ihr Rezept an eine Zuckerraffinerie. Seit 1837 werden die Pastéis de Nata von der Pastelaria, in Deutsch Konditorei, Casa Pastéis de Belém unter dem Namen Pastéis de Belém hergestellt und verkauft. Das Pastel gilt heute auch international als bekanntester Vertreter der traditionellen portugiesischen Süßspeisen der Doçaria Conventual.

Die kleinen Törtchen bestehen aus Blätterteig, der mit einer Creme aus Eigelb, Zucker, Sahne (Nata) und Mehl gefüllt wird.

Die gebackenen Pastéis werden in Portugal meist mit Zimt oder Puderzucker bestreut und sehr gerne ganz warm verspeist. Die Pastéis de Nata (Mehrzahl) sind in Portugal so richtig traditionell, sehr beliebt und im ganzen Land verbreitet. Sie können im Café, beim Bäcker oder in jedem Supermarkt erworben werden. Das kleine Küchlein ist in Portugal so beliebt wie vergleichbar im Schwabenland die Laugenbrezel. Unsere portugiesischen Gastarbeiter haben die Pastéis de Nata schon sehr früh in Deutschland eingeführt.

Natürlich bin ich in das kleine Café gegangen und habe mir zwei dieser leckeren Pastéis de Nata mitgenommen und unterwegs verspeist. Die schmecken wirklich ganz lecker.

Oben auf der Aussichtsplattform des Elevador de Santa Justa angekommen, laufe ich in Richtung Altstadt und nach ein paar Meter sehe ich wieder dieses kleine Spezialitätengeschäft mit den lecker aussehenden Pastel de Bacalhau. Die junge und sehr hübsche Verkäuferin hinter der Glastheke lächelt mich an und präsentiert ihren Pastel de Bacalhau, der hier mit einem Glas Portwein auf einem kleinen Holzbrett serviert wird. Das muss ich einfach mal probieren, zumal mein Gatte mir gesagt hat, dass dies sehr gut schmeckt. Als erstes frage ich nach dem Preis, der wirklich heftig ist, aber ich bin im Urlaub und dann will ich mir das mal gönnen. Dort bestelle ich ein Gedeck und setze mich im Außenbereich des Geschäfts an einen kleinen Bistrotisch, der eine fantastische Sicht über Lissabon bietet. Nur zwei Minuten später wird mein Pastel de Bacalhau warm serviert mit einem Glas eiskalten Portwein. Der Portwein schmeckt sehr gut und die Pastel de Bacalhau ist ebenfalls sehr lecker, vor allem durch die innere Käsefüllung. Hätte ich nicht gedacht das mir das so gut schmeckt, zumal ich nicht so der Fischesser bin.

Das Nationalgericht Pastel de Bacalhau zählt zu den nationalen portugiesischen Spezialitäten, eigentlich so wie die Pastéis de Nata. Diese typisch portugiesischen Appetithäppchen sind im Prinzip frittierte kleine Bällchen aus Kartoffeln und Bacalhau, in Deutsch eingesalzenen Kabeljau, und in diesem Fall noch mit einer Käsefüllung. Zur Zubereitung wird zunächst Bacalhau gewässert, gekocht und von der Haut und den Gräten befreit und zerrieben. Eine etwa gleich große Menge von Pellkartoffeln wird geschält und gestampft, anschließend wird beides unter Zugabe von Eiern vermengt und mit Salz, Pfeffer, Muskatnuss, Zwiebeln und glatter Petersilie gewürzt. Meine Variante, die ich gerade esse wird noch mit Käse aus Serra da Estrela gefüllt. Mit zwei Esslöffeln werden kleine Bällchen geformt und in Olivenöl frittiert. Pastel de Bacalhau werden warm oder kalt zum Aperitif gereicht. Nach diesem Hochgenuss muss ich mich leider wieder einmal etwas sputen, um rechtzeitig auf der Aida Bella zu sein.

Nach etwa 200 Meter meiner Strecke fängt es leicht an zu regnen, es nützt aber alles nichts, denn ich muss zum Kreuzfahrtschiff zurück. Ein paar hundert Meter weiter steigert sich der Regen zu einem heftigen Wolkenbruch und ich werde klatsch nass, zumal es hier keine Unterstellmöglichkeit gibt. Mit der nassen Kleidung friert es mich ein wenig und ich werde immer schneller.

Total durchweicht, aber rechtzeitig in der Zeit erreiche ich die Aida Bella, ganz zufällig steht der Kapitän am Eingang des Schiffes auf trockenem Fuß. Ich schaue ihn vermutlich ein wenig böse an, weil ich mir gerade denke, der Kapitän hat uns gesagt es regnet nicht und wir sollen keinen Schirm mitnehmen. Der gute Mann erkennt das wohl und entschuldigt sich bei mir für seine falsche Aussage mit dem Regenschirm und wünscht mir das ich nicht krank werde.

Schnell laufe ich zur Kabine und dusche erst einmal ganz heiß, in der Hoffnung das dies hilft um nicht krank zu werden. Danach genieße ich die Ausfahrt aus dem Hafen und fahre an den schon genannten Sehenswürdigkeiten abermals vorbei.

Beim Abendessen entwickle ich einen richtig guten Appetit und esse voller Genuss die leckeren Gerichte der Aida Bella.

Das Bier schmeckt mir an diesem Abend richtig lecker und der anschließende Weißwein noch besser. Ob das wohl an dem gut gewürzten Pastel de Bacalhau liegt, dachte ich mir so im Stillen!

Auch dieser Tag war für mich sehr anstrengend, aber ich bin stolz auf mich, dass ich mir diese wunderschöne Stadt Lissabon ganz alleine, sozusagen auf eigene Faust, angeschaut und erkundet habe. Zudem folgen nun 7 Seetage, auf die ich mich sehr freue und ganz entspannt relaxen kann. Ich lese noch kurz in der „AIDA HEUTE" das Programm für den nächsten Tag uns dann geht's schnell ins Bett.

In den nächsten 7 Seetagen werden wir 3 066 Seemeilen, das sind 5 679 Kilometer, bis nach Pointe-à-Pitre auf Guadeloupe zurücklegen und auf 16° 14' Nördliche Breite, sowie 61° 32' Westliche Länge im Hafen von Pointe-à-Pitre um 10 Uhr anlegen und um 20 Uhr wieder weiterfahren. Auf der Karibischen Insel Pointe-à-Pitre erwarten uns bei wechselhaftem Wetter 29 °C und die Sonne geht um 6:08 Uhr auf und um 17:32 Uhr wieder unter.

Ganz entspannt und topfit wache ich am nächsten Morgen auf und freue mich auf den vor mir liegenden Seetag, denn nun heißt es Füße hochlegen, sonnen, das Programm der Aida Bella genießen und nach Herzenslust schlemmen.

Nach dem leckeren Frühstück schnappe ich meine Badesachen und lege mich zum Sonnen auf das Sonnendeck. Dort bleibe ich nur kurz, denn es ist zu warm in der Sonne und verlege meinen Liegeplatz in den Vollschatten, doch einige Gäste halten eisern durch und tanken die atlantische und später die karibische Sonne in vollen Zügen. Da haben wir es sehr schön, wenn man bedenkt, dass es Zuhause schon richtig kalt um diese Jahreszeit ist.

Was uns allen auf der Aida auch sehr gut gefällt, ist der einfache Badetuchservice, denn sofort, wenn man auf das

Sonnendeck gelangt kann man sich frische Badehandtücher formlos abgreifen, oder gebrauchte in die große Sammelbox werfen. Leider wird das System auf dieser Kreuzfahrt bereits geändert und es werden Handtuchkarten verteilt, mit denen nun die Badehandtücher abgeholt werden können.

Weil es mir ein wenig langweilig auf der Sonnenliege wird, drehe ich eine Runde auf dem Schiff und fotografiere die Balkonkabinen mit Bad, den Bug mit dem kleinen runden Pool, das Heck mit dem Sonnensegel und den Tischen vom Restaurant, seitlich einen Blick über die Reling des Schiffes, das fest installierte Fernglas, das für jedermann kostenfrei seitlich am Heck zur Verfügung steht, so wie das Hauptsonnendeck mit seinen Pools und den sonnenhungrigen Gästen des Kreuzfahrtschiffes.

Übrigens gefallen mir die Balkonkabinen sehr gut, denn sie sind modern und komfortabel eingerichtet, die Betten sind sehr bequem, die Klimaanlage arbeitet einwandfrei ohne einen Zug zu spüren, das Fernsehprogram ist mit seinen Kanälen für die deutschen Gäste perfekt eingestellt, es gibt genug Platz im Schrank und dazu viele Staufächer in der Kabine, der Schreibtisch ist nützlich sowie auch der Sessel am Tisch, das Bad ist sehr schick eigerichtet, die gläserne Duschkabine ist groß und dicht, das Warmwasser kommt sofort am Waschbecken und der Dusche, auch bleibt alles Elektrische in der Kabine an, sogar wenn man diese verlässt, so kann z.B. das Handys jederzeit geladen werden.

Der Balkon an der Kabine ist natürlich das besondere High-Light, denn hier wird man schon am Morgen von der Sonne geweckt, kann den Sonnenuntergang betrachten, wenn man auf der richtigen Seite des Schiffes liegt. Jederzeit kann man persönlich die Wetterlage prüfen, um zu entscheiden was angezogen wird, oder sich nur ganz gemütlich und in aller Ruhe sonnen.

Was auch sehr gut funktioniert ist der Informationsdienst der Aida Bella im Fernseher der Kabine, denn hier kann man u.a. seinen Kontostand abfragen, das Tagesprogramm entnehmen, Öffnungszeiten der Restaurants sehen, besondere High-Light des Tages erfahren, mit der Bordkamera nach vorne oder hinten schauen, Ausflugsprogramme einsehen und vieles mehr. Leider ist das WLAN nicht besonders stabil und ein wenig langsam, wie zuvor schon berichtet, aber daran arbeitet man auf der Aida Bella.

Nach meiner Fotorunde treffe ich wieder auf die Sonnenanbeter vom Sonnendeck, oder soll ich vielleicht besser Schattenschnarcher sagen! Nach dem erholsamen Teil geht es wieder schlemmen, diesmal in das Restaurant Weite Welt, danach wieder relaxen auf dem Sonnendeck bis die Sonne schwächelt und ich mich wieder zum Essen begebe. Das ist ein Tag ganz nach meinem Geschmack, so lassen sich auch die nächsten Seetage entspannt verbringen.

Nach dem leckeren Abendessen komme ich noch auf die Idee shoppen zu gehen, zumal es heute 50 % auf alles in den Bordshops gibt, lohnt es sich sogar. Ich kauf mir mein Lieblingsparfüm, das normalerweise 150 € kostet und für unsere Söhne und mich nochmals recht teure Parfüms, aber wie gesagt zum halben Preis. Nach der Kleidung in den schönen Shops habe ich auch recht lange geschaut, aber diesmal ist nichts dabei was mir besonders gut gefällt und nur etwas kaufen, weil es 50% Rabatt gibt kommt mir nicht in den Sinn.

Später, am Abend besuche ich noch das Casino, denn ich bin leider eine leidenschaftliche Spielerin und mein Gatte ist nicht dabei, so kann ich ganz ungestört mein kleines Laster ausleben. Ich versuchte mein Glück leider vergebens an den Schiebeapparaten mit den Münzen. Später spiele ich noch Roulett und was soll ich sagen, am Abend gehe ich mit Gewinn aus dem Casino.

Nach diesem aufregenden Teil an jenem Abend trinke ich noch ein Glas Weißwein zur Beruhigung der Nerven, am Heck des Schiffes im Freien. Genau an der Stelle an der ich Stunden zuvor den schönen Sonnenuntergang fotografiert habe. Da unsere zwei Kellner so super gut drauf sind und unbedingt ein Foto mit mir machen wollen, lass ich dies gerne geschehen.

Vielleicht ist es für den einen oder anderen noch interessant zu wissen, wie die Zahl an der Kabinentür auf dem Kreuzfahrtschiff entsteht. Die erste Zahl bezeichnet das Deck, auf der sich die Kabine befindet, die zweite Zahl sagt etwas darüber aus, auf welcher Schiffsseite die Kabine ist. Gerade Zahlen sind auf der Backbordseite (links) und ungerade Zahlen befinden sich auf der Steuerbordseite (rechts) in Fahrtrichtung des Schiffes. Die letzten beiden Zahlen beschreiben die persönliche Kabinennummer der gebuchten Kabine.

Da wir auf dem Schiff sind und die Gewässer des Atlantiks und der Karibik durchkreuzen, macht man sich schon so seine Gedanken über die Seefahrt und dessen Handelsrouten. Denn bereits vor rund 6 000 Jahren vor Christus ist das Meer als Handelsweg von Bedeutung. Der Transport von Waren über alle Weltmeere wurde jedoch erst durch die Entdeckungen berühmter Seefahrer wie Christoph Kolumbus, Vasco da Gama und Ferdinand Magellan im 15. und 16. Jahrhundert möglich. Denn sie fanden neue Seewege von Europa in die ganze Welt und bereiteten den Weg für einen internationalen Handel. Wurden in jener Zeit vorwiegend Seide, Gewürze und andere Genusswaren verschifft, so sind es heute sämtliche Gebrauchsgüter die man auf den riesigen Containerschiffen über das Meer transportiert. Die größten unter ihnen können über 240 000 Tonnen laden und bei einer Länge von über 400 Meter bis zu 19 100 Container aufnehmen. Etwa zwei Drittel des gesamten weltweiten Frachtaufkommens wird heute auf dem Seeweg verschickt. Rotterdam, Antwerpen und Hamburg sind dabei die häufigsten Anlaufziele in Europa, denn sie sind die Häfen mit dem höchsten Containerumschlag.

Nach dem kleinen Absacker geht es für mich wieder in die Kabine und gleich ins Bett, denn so ein Seetag macht auch müde.

Die Aida Bella bietet auch am Seetag wieder eine Fülle an Aktionen und Unternehmungen, Spiele, Sport und Freizeitaktivitäten an, so dass es keinem Gast auf dem Schiff langweilig werden kann. Natürlich gibt es auch heute wieder einen Drink des Tages, diesmal ist es der alkoholische Cocktail namens Atlantico. Er verkörpert die Träume auf See und besteht aus Rum, Pfirsich und Vanille. Das Ganze wird sehr schön in einem großen bauchigen Glas serviert und mit Südfrüchten dekoriert. Selbstverständlich gibt es auch einen alkoholfreien Cocktail, dieser ist heute namentlich der Caribico und er ist kirschrot und soll himmlisch schmecken. Das leckere Getränk besteht aus Ananas und Kirschen und wird ebenso lecker serviert wie der Bruder mit Alkohol.

Das Steakhouse bietet heute ein saftiges US-Beef in Premiumqualität an, dazu wird ein frisches Knoblauchbrot gereicht und als weitere Beilage gegrilltes Gemüse. Wer kann so etwas Leckerem widerstehen? Mit der vielfältigen Menükarte des Buffalo Steak House kann sich jeder Gast sein ganz individuelles Menü zusammenstellen. Wer sich nicht zwischen Fisch und Fleisch entscheiden kann, dem empfiehlt die Küche das Gericht Surf & Turf, denn da wird ihnen eine Speise bestehend aus einem gegrillten Filetstück vom Rind und ein halber Hummerschwanz serviert. Natürlich gibt es in dem Steakhouse auch ganz zeitgemäß ein veganes Redefine Flank Steak auf pflanzlicher Basis.

Auf dem Pooldeck 11 werden heute um 11:45 Uhr Scharfe Ecke-Deluxe Spezialitäten für jedermann kostenfrei angeboten. Das Küchenteam hat zahlreiche Delikatessen vorbereitet und serviert diese auf dem genannten Deck, das ist u.a. Currywurst mit delikater Soße und frischem Currypulver, ein leckeres Schweinesteak mit Mango-Ananas-Chili-Chutney, oder Penne all' Arrabiata und vieles mehr.

Um 15 Uhr findet eine ganz besondere Art der Versteigerung im Theatrium statt, auf der man einen Kunstgegenstand nach dem Prinzip "Blind Dates" ersteigern kann. Auf Deck 9 kann man sich zuvor bei der Galeristin Kinga Csizmadia beraten und inspirieren lassen, denn sie ist ein echter Fachmann bzw. Fachfrau auf diesem Gebiet. Sie erklärt dann die großartige Vielfalt der unterschiedlichen Künstler und dessen Technik aus aller Welt, u.a. auch an ganz praktischen Ausstellungsstücken vor Ort.

Da heute Nacht Vollmond ist, steigt auf der Aida Luna auf dem Pooldeck 11 um 22:15 Uhr die schaurige Full Moon Party. Dort zelebrieren gruselige Kreaturen ein ausgelassenes Fest mit den Gästen. Dazu gibt es zum Thema passend ganz spezielle gruselige Cocktails, die vom Entertainment Team frisch zubereitet werden. Für gruselige Beats und der musikalischen Unterhaltung sorgt DJ Antony, zudem bringen die Aida Stars tolle Tanzeinlagen auf die Bühne, die das Publikum zum Beben bringt.

Das Frühstück ist lecker wie eh und je auf der Aida Bella und so erfreue ich mich reichlich an dem großen Buffet im Markt Restaurant. Den Seetag verbringe ich mit Sonnen und Relaxen auf den Pooldecks, dem Essen an Bord und schaue hier und dort etwas an, oder mache mit. So vergeht ein schöner Tag nach dem anderen auf der Aida Bella und das Wetter ist auch gut, denn wir haben meistens Temperaturen zwischen 24 °C und 29 °C im Schatten bei Sonnenschein bis wechselhaft und das Meer ist auf der gesamten Überfahrt in die Karibik sehr angenehm ruhig. Es ist wunderschön die unendliche Ferne auf dem Meer zu sehen und hier und da mal Delphine, Wale oder Schildkröten zu beobachten. Sehr interessant ist auch die tägliche Veränderung der Meeresoberfläche und dessen Farbspiele des Wassers, so wie die Fliegenden Fische am Bug zu entdecken oder die vielen Hochseevögel zu beobachten. Meine Vorfreude auf die Tage in der Karibik ist riesengroß und die Erwartung entsprechend hoch. In den 7 Seetagen über den

Atlantische Ozean wird die Borduhr nach jedem zweiten Tag um 1 Stunde zurückgestellt, so ist der Jet lack wie er beim Fliegen entsteht, hier nicht zu spüren.

Dann kommt der spanende Tag und wir erreichen nach der Atlantiküberquerung auf der Aida Bella am 12 November planmäßig um 10 Uhr die Insel Guadeloupe. Das Wetter ist wie bereits in der „AIDA HEUTE" geschrieben und passt ganz genau wie es vor Ort aussieht, nämlich 29 °C bei wechselhaftem Wetter. Alle freuen sich riesig an Bord, dass wir die 3066 Seemeilen / 5679 km gut und bequem überstanden haben und nun tatsächlich an den paradiesischen Inseln in der Karibik angekommen sind.

In Guadeloupe geht es für mich nach dem guten Frühstück zum gebuchten Ausflug, den ich vorab für 80 € von Zuhause aus gebucht habe.

Guadeloupe hat rund 400 000 Einwohner die auf 1 635 km² Fläche leben. Auf Kreolisch heißt die Insel Gwadloup und wird von den Einheimischen auch Gwada genannt, sie ist ein Archipel in der östlichen Karibik, das ein französisches Überseedepartement und zugleich eine französische Überseeregion bildet. Deshalb ist Guadeloupe ein Teil der Europäischen Union, gehört jedoch nicht zum Schengen-Raum. Zusammen mit Martinique, Saint-Barthélemy und Saint-Martin bildet es die Französischen Antillen in der Karibik. Natürlich ist hier die Amtssprache Französisch und die Währung in Euro, dies gilt auch für den Hauptort Basse-Terre auf Guadeloupe.

Die ersten Ureinwohner waren die Arawak und sie nannten den Archipel Karukera bzw. Kalaoucera, die Insel der schönen Wasser. Die seit etwa 1400 hier einfallenden Kariben übernahmen diese Bezeichnung. Als die spanische Expedition unter Christoph Kolumbus 1493 den Archipel erreichte, nannte Kolumbus die Insel Santa María de Guadalupe nach dem gleichnamigen Marienschrein im Kloster Real Monasterio de Nuestra Señora de Guadalupe in der spanischen Stadt

Guadalupe in der Extremadura. Als der Archipel eine französische Kolonie wurde, behielt man den spanischen Namen bei, jedoch wurde er an die französische Rechtschreibung und Phonetik angepasst. Die Einwohner verwenden auch die Kurzform Gwada.

Guadeloupe liegt mit dem Inselbogen der kleinen Antillen am östlichen Rand der Karibischen Platte, in der Subduktionszone, in der die Südamerikanische Platte durch die Plattentektonik unter die Karibische Platte geschoben wird. Die Subduktion führt seit Millionen von Jahren zu vulkanischer Aktivität und Erdbeben, die bis heute auf den kleinen Antillen vorkommen.

Auf Guadeloupe gibt es nicht nur feine weiße Sandstrände, sondern auch mehrere Strände mit schwarzem Sand. Die Insel weist ein tropisches Klima auf, das von maritimen Einflüssen gemildert wird. Sie ist von tropischen Temperaturen, hoher Luftfeuchtigkeit und Regen gekennzeichnet. Während der atlantischen Hurrikansaison besteht die Gefahr von tropischen Stürmen. Es gibt im Wesentlichen nur zwei Jahreszeiten auf Guadeloupe und dies ist eine Trockenzeit von Januar bis Juni und eine Regenzeit von Juli bis Dezember. Die durchschnittliche Temperatur liegt bei 30,5 °C und schwankt über das ganze Jahr nur um max. 1,5 °C mehr oder weniger. Der durchschnittliche Niederschlag liegt bei 150 mm und reicht von 64 mm in der Trockenzeit bis 236 mm in der Regenzeit.

Die Flora ist im bergigen Basse-Terre stark bewaldet, gut verbreitet sind Farne und es gibt Mahagonigewächse. An den Ufern der Salee-Meerenge findet sich vorwiegend sumpfiger Mangrovenwald. Dagegen wurde auf Grande-Terre der Wald fast vollständig gerodet.

Auf Guadeloupe finden sich zahlreiche Arten von Schmetterlingen, Gespenstschrecken und Käfer, zudem gibt es eine endemische Spinnenart, die Holothele sulfurensis. Auf der Insel lassen sich noch Reptilien wie die Köhlerschildkröte, Nattern, eine Spezies der Blindschlangen, Leguane wie den

Kleinen Antillen-Leguan und den Grünen Leguan, einen Gecko der Art Hemidactylus mabouia und einige Kleineidechsen die zu der Gruppe der Anolis gehören, finden. Da Vögel die Insel am einfachsten erreichen können, gibt es viele Vogelarten, u. a. den Antillenhaubenkolibri, Guadeloupespecht, Turmfalke, Braunpelikan und den Prachtfregattvogel. Bei den Fledermäusen ist die Aussage nicht so ganz sicher, aber aktuell schätzt man das Vorkommen auf Guadeloupe auf 13 Fledertier-Arten. Die wichtigsten Säugetiere sind der Guadeloupe-Waschbär und das Goldaguti, das allerdings vom Aussterben bedroht ist und deshalb geschützt wird.

Ethnisch gesehen sind 90 % der Guadeloupianer afrikanischer oder gemischter Abstammung. Nur 5 % der Bevölkerung sind Weiße. Den Rest bilden Inder, Libanesen oder Chinesen und machen zusammen weniger als 5 % aus. Die religiöse Mehrheit der Einwohner zählt zu den Katholiken, es gibt aber auch Minderheiten von Hindus, Religionen afrikanischen Ursprungs und Protestanten.

Wirtschaftlich gesehen ist Guadeloupe sehr schwach aufgestellt und in vielerlei Hinsicht auf die französische Unterstützung angewiesen. Von gut 130 000 Arbeitskräften sind rund 30 % arbeitslos. Nur in der sogenannten Leichtindustrie gibt es Arbeitsplätze, diese sind in der Hauptsache in der Zucker- und Rumproduktion zu finden. Zudem gibt es im Baugewerbe und der Zementherstellung noch Arbeitsplätze. Der Tourismus ist ein bedeutender Schlüsselzweig der Wirtschaft. Die meisten Urlauber kommen aus Frankreich, gefolgt von Deutschland. Eine steigende Anzahl an Kreuzfahrtschiffen besucht die Inseln.

Die Landfläche von Guadeloupe beträgt 1 628 km² und besteht zu 14 % aus Anbaufläche, zu 4 % aus Dauerkulturen, zu 14 % aus Weideflächen und zu 39 % aus Wäldern, was zusammen 71 % ergibt.

Die wichtigsten landwirtschaftlichen Produkte Guadeloupes sind Zuckerrohr, der zur Herstellung von Rohrzucker und Rum verwendet wird, und Bananen. Weitere landwirtschaftliche Produkte der Inseln sind tropische Früchte und Gemüse, Rinder, Schweine und Ziegen. Das Zuckerrohr, das traditionelle Hauptanbauprodukt der Insel, wird langsam durch andere Produkte ersetzt, vor allem Bananen, Auberginen und Blumen. Anderes Gemüse und Hackfrüchte werden für den lokalen Verbrauch angebaut. Trotzdem ist die Insel von importierten Nahrungsmitteln, hauptsächlich aus Frankreich, abhängig.

Guadeloupe besitzt einen internationalen Flughafen, den Pôle Caraïbes bei Pointe-à-Pitre und auf der Insel Grande-Terre in der Stadt Pointe-à-Pitre gibt es einen Handelshafen mit einem Terminal für Kreuzfahrtschiffe, in dem die Aida Bella anliegt.

Die landwirtschaftlichen Produkte sind die Hauptausfuhrgüter Guadeloupes. Bananen machen ungefähr 50 % des jährlichen Exportertrages aus, daneben werden Zucker und Rum exportiert. Von den ausgeführten Waren gehen 60 % ins europäische Frankreich, 18 % nach Martinique, 4 % in die USA.

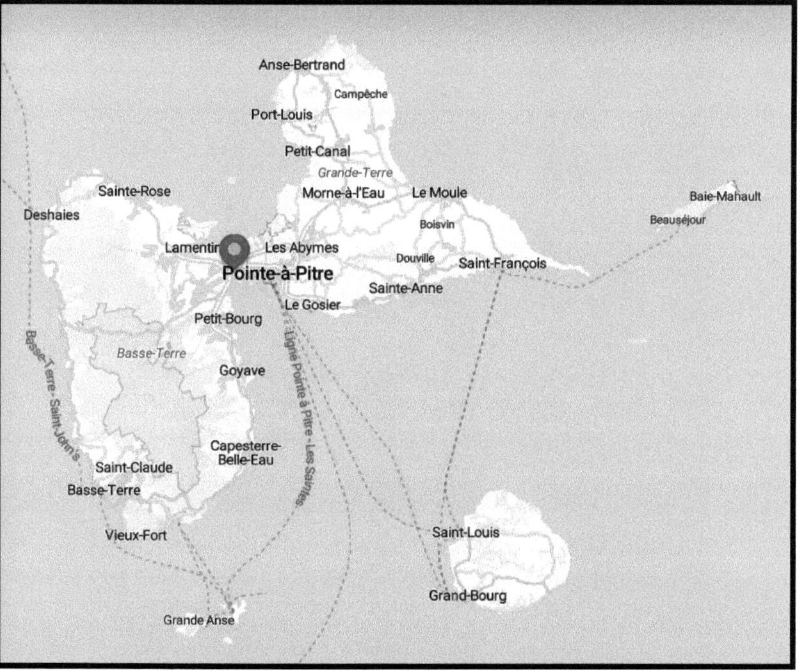

Importiert werden vor allem Nahrungsmittel, Treibstoff, Autos und andere Konsumgüter, Rohstoffe für das Baugewerbe. Die Importwaren kommen zu 63 % aus Frankreich, zu 4 % aus Deutschland, zu 3 % aus den USA, zu 2 % aus Japan und nur zu 2 % von den ehemaligen Niederländischen Antillen.

Mein Ausflug startet vom Hafen aus mit dem Bus zum Wasserfall Cascade aux Ecrevisses, der in Deutsch übersetzt Flusskrebs-Wasserfall heißt. Nach der rund 45-minütigen Fahrt in die Inselmitte von Basse-Terre steigen wir aus dem Bus und laufen rund 10 Minuten zu Fuß durch den tropischen Regenwald von Guadeloupe. Dort entdecken wir den 10 Meter hohen Wasserfall, der ein natürliches Schwimmbecken mitten im grünen Tropenwald bietet, das gerne von den Besuchern zum erfrischenden Bad genutzt wird.

Nach der Besichtigung geht es für uns wieder zum Bus und wir fahren rund 18 Kilometer bis zum schönen Botanischen Garten Valombreuse. Dieser ist am Eingang leicht zu erkennen mit dem großen roten Herzen. Der Rundweg in diesem wunderschön angelegten Botanischen Garten beträgt ungefähr zwei Stunden, wem dies zu viel oder zu anstrengend ist, der darf gerne mit dem kleinen inkludierten Zug in 15 Minuten durch die Anlage fahren. Dies ist sicherlich besonders interessant, für Menschen die schlecht zu Fuß sind oder kleine Kinder dabeihaben. Es gibt hier u.a. sehr viele Pflanzen, große tropische Bäume, schöne blühende Blumen, Kois, Papageien und Flamingos zu sehen und natürlich auch die Wildtiere die sich den Garten als Lebensraum erobert haben. Nach dem Rundgang wurden uns von der Aida leckere Erfrischungsgetränke gereicht.

Unser letzter offizieller Stopp findet am Fort Fleur d'épée statt, dies ist eine Festung auf Guadeloupe, dessen Name ist unbekannt, er könnte jedoch dem Spitznamen eines Soldaten entsprechen, der dort lebte. Die Anlage wurde von 1750 bis 1763 nach einem polygonalen Plan von Vauban auf den Höhen über der Stadt Gosier, viele Meter über der Bucht, gebaut. Es besteht zu meist aus unterirdischen Gängen, die zu kleinen Räumen führen. Heute sieht man noch das Pulvermagazin und die Küche mit einem Ofen. In der recht geräumigen Eingangshalle finden heute temporäre Kunstausstellungen statt. Es wurde einst von den Briten erobert und anschließend von einem französischen Bataillon des Victor Hugues zurückerobert, das die Briten 1794 aus Guadeloupe vertrieb. Noch beeindruckender und schöner ist der Blick von der Festung zum Strand und dem Meer. Einfach perfekt diese Aussicht.

Der nächste inoffizielle Stopp findet auf der Rückfahrt statt und unserem Guide ist es ganz wichtig, dass wir ein Foto von der kleinen länglichen Privatinsel mit dem rotweißen Leuchtturm machen, denn hier lebt seit über vierzig Jahren ein Mann ganz alleine. Unser Guide besucht den alten Herren immer wieder einmal von Zeit zu Zeit. Das war mein schöner und interessanter Tag auf Guadeloupe.

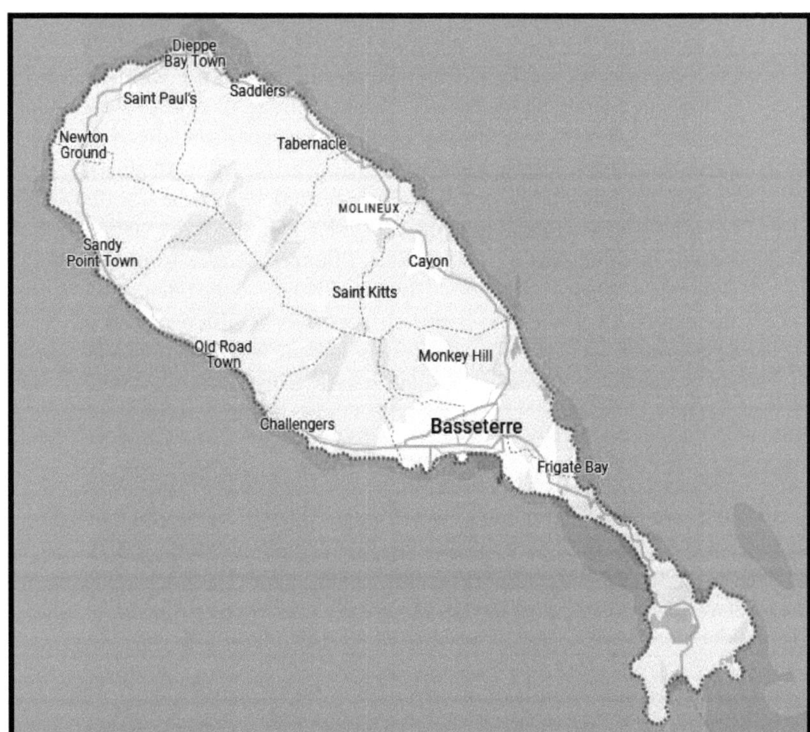

Nach 137 Seemeilen / 254 km erreichen wir am nächsten Tag um 8 Uhr den Hafen Basseterre von St. Kitts und bleiben bis 18 Uhr. Bei wechselhaftem Wetter und 29 °C sehen wir als erstes den betonierten Steg und nach der Uferstraße folgt die bunte Ortschaft. Dahinter liegen die Berge mit dem grünen tropischen Regenwald unter den dunklen Wolken am Morgen. Die Sonne geht heute um 6:24 Uhr auf und um 17:41 Uhr wieder unter auf den Koordinaten 17° 17' 54 Nördliche Breite und 62° 44' 3 Westliche Länge in Basseterre.

Heute darf ich ganz entspannt ausschlafen und anschließend Frühstücken, denn ich habe keinen gebuchten Ausflug auf dieser Insel und möchte nur im warmen Wasser der Karibik schwimmen gehen und anschließend die Stadt St. Kitts ein klein wenig besichtigen.

Der kleine Staat St. Kitts und Nevis hieß bis 1983 offiziell Saint Christopher and Nevis, er ist ein föderaler Inselstaat auf den Kleinen Antillen in der östlichen Karibik. Namensgebend sind die beiden Inseln St. Kitts und Nevis. Die Hauptstadt und auch größte Stadt ist mit rund 17 000 Einwohnern des Staates Basseterre, die Amtssprache ist Englisch. Der kleine Staat ist Mitglied des Commonwealth of Nations und der Vereinten Nationen. Die Währung in dem Staat ist der Ostkaribische Dollar. St. Kitts und Nevis gehört mit über 51 000 Einwohnern und einer Fläche von knapp 263 Quadratkilometern zu den zwölf kleinsten allgemein anerkannten Staaten der Erde. Von der Fläche fallen auf St. Kitts rund 169 km² und auf die südlich gelegene Nachbarinsel Nevis aufgerundet 94 km².

Nachdem ich in aller Ruhe meine Badesachen gepackt habe und mich zuvor beim Frühstück mit Bekannten verabredete, gehen wir gemeinsam von Bord und ordern ein Taxi, um damit zum Strand zu fahren. Wir haben Glück und finden einen ganz netten und freundlichen Fahrer mit einem sauber gepflegten Taxi. Nach kurzer Verhandlung einigen wir uns auf 18 US-Dollar für die 11 Kilometer lange Fahrt hin und zurück zum Strand South Friars Bay. Dieser kleine und sehr schöne Sandstrand liegt von Basseterre aus Richtung Süden an der Frigate Bay, auf der gleichen Seite der Insel wie die Hauptstadt. Das Geld bekommt der Taxifahrer erst, wenn wir wieder am Schiff sind, nachdem er uns um die abgestimmte Zeit vom Strand abholt und zurückgebracht hat.

Nach etwas über 10 Minuten erreichen wir den sichelförmigen weißen Sandstrand mit den grünen Sonnenschirmen und der hölzernen Plattform im Wasser, auf dessen Edelstahlhandlauf gerne die schwarzen Pelikane sitzen. Überhaupt wimmelt es hier von diesen schwarzen Pelikanen die ganz ungeniert zwischen den schwimmenden und badenden Besuchern ihre Fische im Sturzflug fangen. Es ist wirklich sehr schön dies zu beobachten, zumal die Tiere sehr zutraulich sind. Unsere Fahrgemeinschaft sucht sich einen schattigen Platz unter den Palmen am Ende des Strandes. Natürlich gibt es auch die Möglichkeit eine Liege und einen Sonnenschirm zu mieten, aber die stehen alle in der knalligen Sonne und die Schirme decken den Liegeplatz nicht mit Schatten ab, deshalb macht dies keinen Sinn für uns, denn wir wissen wie schnell man sich unter der Karibischen Sonne die Haut verbrennt. Es gibt hier Toiletten und mehrere kleine Beachbars in denen es nicht nur Getränke, sondern auch Kleinigkeiten zum Essen gibt. Das wunderschöne türkisfarbene karibische Wasser genieße ich bei über 28 °C und will eigentlich nicht mehr aus dem Meer, bei diesen angenehmen Temperaturen. So gefällt mir die Karibik mit Strand, Palmen und ein frisches kühles Bier, da kann ich es mir lange gut gehen lassen. So verbringen wir hier ein paar Stunden und faulenzen ein wenig und genießen das Meer.

Pünktlich holt uns unser schwarzer freundlicher Fahrer wieder zum vereinbarten Termin ab und wir sind froh in dem gut gekühlten klimatisierten Auto zu sitzen. Auf der Fahrt zum Kreuzfahrtschiff stoppt er unterwegs auf der Anhöhe Timothy Hill Overlook. Hier stehen nicht nur wir um diese fantastische Aussicht auf St. Kitts zu genießen, sondern viele Tagesausflügler in den offenen Ausflugsbussen, die eine Inselrundfahrt gebucht haben und hier einen Fotostopp einlegen. Auf dem

Timothy Hill Overlook steht man auf dem Berg und schaut von der schmalsten Stelle der Insel, mit beidseitigen sichelförmigen Sandstrandbuchten auf die komplett grün bedeckten Berge der Insel. Diese Sicht ist ein Traum und geht einem ganz bestimmt nie wieder aus dem Kopf.

Nach dem Augenschmaus fahren wir zurück zur Aida Bella, bedanken uns bei unserem tollen Fahrer, bezahlen die vereinbarte Summe und legen noch ein Trinkgeld obendrauf. Er freut sich sehr und verabschiedet sich. Wir gehen schnell unter die Dusche und anschließend ins Marktrestaurant um noch ein spätes Mittagessen zu genießen, aber vor allem, um ganz viel zu trinken. Denn so eine Strandzeit macht richtig durstig und da reicht kein Mineralwasser!

Der Magen ist voll und es wurde genug getrunken. So machen wir uns zu Fuß auf den Weg in die Stadt Basseterre. Der erste Weg folgt durch den gelben Hafeneingang, wo sich sehr viele Gäste vor dem Schild St. Kitts ablichten. Kurz darauf erreichen wir The Circus, der das Wahrzeichen der Stadt Basseterre darstellt. Dieser Circus-Platz wurde dem Piccadilly Circus in London nachempfunden. Auf dem achteckigen Platz treffen die Hauptstraßen der Stadt zusammen, das ist die Liverpool Street, Bay Road, Fort Street, und die Bank Street. Im Zentrum steht das grüne Thomas Berkeley Memorial, unten mit einer Trinkquelle und oben die Standuhr unter dem goldenen Kreuz. Wir laufen durch die kleinen Straßen und betrachten die bunten Kolonialgebäude, die oftmals sehr gepflegt und bunt gestrichen sind.

Letztendlich erreichen wir den alten Sklavenmarkt aus dem 18. Jahrhundert, der heute zu einer erholsamen Parkanlage umfunktioniert wurde und in dessen Mitte ein schöner großer Brunnen steht. Ganz besonders toll finde ich die Idee im Park, zwischen dem riesigen Bambus eine Parkbank in dessen Schatten zu stellen. Nach einer kurzen Pause führt uns unser Weg zur Anglikanischen St. George's -Kirche, die nördlich des Circus an der Cayon Street, mitten in einer schönen und gepflegten Grünanlage, liegt. Von den Franzosen wurde diese Kirche im Jahre 1670 errichtet und der Notre Dame geweiht. Die Engländer zerstörten 1907 das Gebäude und setzten es bis auf die Grundmauern in Flammen, anschließend bauten sie die Kirche wieder neu auf. Zudem haben Naturkatastrophen der Kirche immer wieder zugesetzt, in den Jahren 1763 und 1867 gab es große Feuer und 1843 erschütterte das Gebäude ein Erdbeben. Das Gotteshaus wurde also mehrfach wiederaufgebaut und so für uns heute sehr schön erhalten.

Meine Begleitung zeigt uns die ganze Stadt, so auch das große Stadion und weitere schöne Gebäude und Kirchen. Weil wir u.a. auch ganz außen um die Ortschaft zwischen den schönen Villen laufen, entdeckten wir sogar das Olympic Committee von St. Kitts und Nevis. Wir Frauen sind ganz schön geschafft von diesem langen Fußmarsch und deshalb geht es auf dem kürzesten Weg wieder zurück auf das Schiff zum Abendessen.

Wieder auf dem Schiff geht es kurz unter die Dusche, schnell etwas Schickes und Frisches anziehen und schon sitzen wir beim gemütlichen Abendessen. Das erste Glas Bier schmeckt allen so erfrischend und gut, dass in kurzer Zeit ein zweites geordert wird. Aber diese Erfrischung zum Essen haben wir uns auch redlich verdient. Die angebotenen Speisen sind wieder spitze und ich genieße an diesem Abend ganz besonders das frische Obst aus der Karibik. Selbstverständlich auch das Bier und den Wein, denn ich habe Urlaub und da darf ich mir auch mal was gönnen. Zumal wir so tapfer am Nachmittag durch die Stadt gelaufen sind.

Es gibt übrigens noch ein ganz interessantes Ausflugsziel auf dieser Insel, nämlich den Sugar Train. Dies ist eine Schmalspurbahn die früher für den Abtransport der Ernte des Zuckerrohres auf den großen Plantagen eingesetzt wurde. Heutzutage wird er nur noch als Touristenattraktion und zum Personentransport genutzt. Hiermit lässt sich die interessante Insel ganz gemütlich und entspannt im Fahrtwind erkunden.

Danach verfolgen wir das Auslaufen des Schiffes und später das Entertainment im Theater, ganz besonders schön ist die Tanz- und Artistenshow ab 21:15 Uhr, denn auf Deck 9 bis 11 wird uns ein Treffen des frischen Sounds auf moderne Bewegung und Artistik präsentiert. Es geht hierbei um den Augenblick welcher unser Leben verändern kann. Aus der flüchtigen Bewegung zweier Menschen können binnen Sekunden Emotionen und Geschichten entstehen. Diesen Augenblick geschehen zu lassen, ist die eigentliche Kunst, sein Leben zu leben. Mit dem Thema "Augenblick" erleben wir die AIDA Stars in einer völlig neuen Generation.

Anschließend gehe ich ins Bett, denn nach 134 Seemeilen / 247 km sind wir schon am nächsten Morgen um 7 Uhr auf der Insel Tortola, die zu den Britischen Jungferninseln gehört. Dort bleiben wir bis 16 Uhr, natürlich müssen wir wie immer alle 30 Minuten früher an Bord sein. Das Wetter und der Sonnenaufgang und Untergang ist genau gleich wie auf St. Kitts. Am 14 November sind unsere Koordinaten auf Tortola in der schönen Hafenstadt Road Town 18° 26' Nördliche Breite und 64° 37' Westliche Länge. Wir legten am Cruise Pier North an.

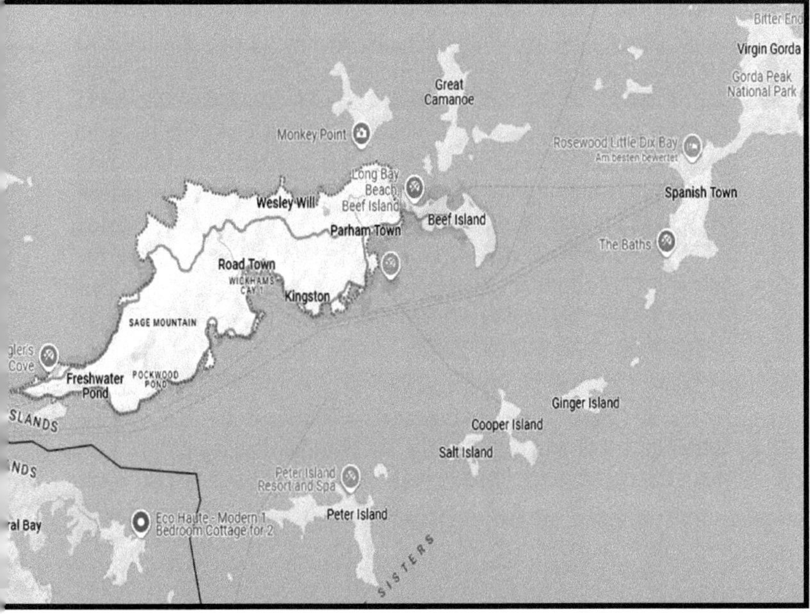

Geschichtlich gesehen wurde Tortola im 1. Jahrhundert v. Chr. durch die Arawak (Indianer) besiedelt, die sich im 15. Jahrhundert n. Chr. den Kariben unterwarfen. Dies hielt nicht lange an, denn am Ende desselben Jahrhunderts wurden die Europäer auf diese Insel aufmerksam, nachdem sie 1493 von Christoph Kolumbus zusammen mit der gesamten Inselgruppe der heutigen Jungferninseln entdeckt worden war. Die Spanier waren die ersten Europäer die versuchten die Inselgruppe zu besiedeln, jedoch erste dauerhafte Siedlungen entstanden von Piraten wie Blackbeard oder William Kidd. Anfang des 17. Jahrhunderts ließ sich Joost van Dyke auf Tortola nieder. Weil er Kapitän eines Kaperschiffs war, wurde er oftmals fälschlicher Weise als Pirat bezeichnet. Er wurde sesshaft und baute Baumwolle und Tabak auf der Insel an und errichtete 1620 das Fort Recovery auf Tortola. Im Jahre 1621 nahmen die Niederlande die Insel in ihren Besitz und gaben ihr den Namen Tertholen. Um die Insel besser zu schützen, bauten die neuen Kolonialbesitzer noch im selben Jahr das Fort Tertholen, das 1640 bei einem spanischen Angriff zerstört wurde. Die vertriebenen holländischen Siedler kehrten 1648 wieder zurück und gründeten die heutige Stadt Road Town an der Road Bay als ihren Hauptort und Verwaltungssitz. Im Jahre 1672 wurden Tortola und deren Nachbarinseln von den Engländern erobert. Diese errichteten hier Plantagen, auf denen in den nächsten 150 Jahren, durch afrikanische Sklaven, Zuckerrohr angebaut wurde. Mitte des 19. Jahrhunderts verließen die Briten die Insel, als die Sklaverei abgeschafft wurde. Die weißen Grundbesitzer gaben den Zuckerrohranbau auf, weil er ohne die Sklavenarbeit unwirtschaftlich wurde. Die überwiegende Mehrheit der Briten verließen anschließend die Britischen Jungferninseln. Daraus resultierte folgend ein wirtschaftlicher Niedergang. Erst im Jahre 1871 erhielten die Inseln den Status einer britischen Kronkolonie, bis ihnen letztendlich 1966 die innere Selbstverwaltung zugestanden wurde.

In der gesamten Entwicklungsgeschichte wurden auf Tortola folgende Forts zur Befestigung der Kolonialsitze gebaut. Von den Niederländern 1620 Fort Recovery und 1621 Fort

Tertholen, von den Briten 1776 Fort Burt und im Jahre 1794 Fort George, Fort Charlotte und Fort Shirley.

Die Insel Tortola ist mit rund 56 km² die größte Insel der Britischen Jungferninseln. Sie ist gute 19 Kilometer lang und nur 5 Kilometer breit und auf ihr Leben knapp 24 000 Einwohner. An der Südküste wohnen über 9 000 Menschen in der Hauptstadt Road Town. Die Hauptstadt verfügt über einen Handelshafen und ein modernes Kreuzfahrtterminal. Ein Großteil des Waldlandes der Insel ist als Naturschutzgebiet deklariert, der gut mit Wanderwegen angelegt und erschlossen ist. So kann man heutzutage leicht über Wanderwege den höchsten Punkt der Insel erreichen, zumal der Mount Sage mit 523 m nicht sehr hoch ist.

Die Hauptstadt Road Town an der Road Bay wurde im Laufe ihrer Geschichte immer wieder durch Feuer zerstört, deshalb stammt das älteste heute noch stehende Gebäude aus dem Jahr 1840. Sowohl im Tiefseehafen, als auch am Fähranleger von Road Town ankern viele große Katamarane und Yachten, die u.a. Ausflüge für Urlaubsgäste anbieten oder für Ausflüge in die Inselwelt der Virgins Islands gechartert werden können. Die meisten Geschäfte findet man für Touristen auf der Main Street, dort kann man nicht nur entspannt Shoppen, sondern in den Bars und Gaststätten auch für das leibliche Wohl sorgen. In den zum Teil noch originalen Häuser im Kolonialstil, oder auch etwas modernisiert, macht ein Spaziergang ebenso Freude wie das Einkehren in diese schönen alten Gebäude.

Wirtschaftlich gesehen geht es dieser Insel ähnlich wie den anderen in der Karibik, denn auch Tortola lebt vom Tourismus, dem Handel und dem Handelshafen. Aber vor allem auch, auf Grund der niedrigen Steuern, von der Finanzindustrie, wobei der Finanzplatz Road Town weltweit unter den Top 50 geführt wird.

Tortola Pier Park
BRITISH VIRGIN ISLANDS

Die Insel hat viele Sehenswürdigkeiten zu bieten, allein in Road Town gibt es zehn interessante Stellen die es lohnt zu besichtigen. Da ich schon mehrmals auf Tortola war und mir die schönsten und interessantesten Sehenswürdigkeiten schon angeschaut habe, werde ich diesmal einen Tagesausflug mit dem Schnellboot zur Insel Virgin Gorda zu The Baths im Nationalpark The Caves unternehmen. Diesen habe ich auf der Aida Bella vorab Zuhause mit der Nummer TOR10 für 99 Euro gebucht.

Wer natürlich ein echter Gourmet der Karibischen Küche ist, der kommt hier auf der Insel Tortola im Ort Road Town voll auf seine Kosten. In der gemütlichen Altstadt, die gleich am Hafen liegt, gibt es frischen Fisch und Schalentiere in Hülle und Fülle auf der hiesigen Speisekarte zu finden. Ganz besondere Spezialitäten sind Mussel Pie (Muschelpastete), Conch Stew (Trompetenschneckeneintopf), Shark (Hai), Lobster (Hummer) und Fish Chowder (eine Art Fischsuppe). Eine weitere kulinarische Berühmtheit ist Callaloo, dies ist eine grüne würzige Brühe mit allerlei Zutaten. Die Küche auf dieser Insel enthält alle Elemente von dessen Kulturen die hier auf Tortola leben. Zum Essen werden gerne Mineralwasser, Fruchtsäfte und Bier getrunken, aber vor allem einheimischer Rum oder dessen Mixgetränke „Cocktails" mit ganz frischen Früchten von dieser Insel.

Nach dem Frühstück startet die abenteuerliche Tour zu den bizarren Strand- und Felslandschaften im Nationalpark The Baths. Zu Fuß laufen wir zum bunt und lustig lackierten Schnellboot, fahren anschließend gute 45 Minuten in rasanter Fahrt über den Sir Francis-Drake-Kanal zur Insel Virgin Gorda und legen in der Hafenstadt Spanish Town an. Im Hafen steigen wir aus und werden direkt von den offenen Safaritrucks abgeholt. Wir fahren in südlicher Richtung bis zum Eingang des Nationalparks The Baths. Über einen schmalen Sandpfad laufen wir durch den grünen Tropenwald, an Kakteen, Palmen und sehr viel anderer dichter grüner Vegetation hindurch. Ab und an liegen dort auch gewaltige glattgeschliffene Granitfelsen. Letztendlich gelangen wir hinunter zum Ufer und entdecken wunderschöne weiße Sandstrände und türkisfarbenes Wasser, das umgeben ist von riesigen Granitblöcken und geheimnisvollen Grotten. Ein abenteuerlicher Weg führt uns zu einem anderen, ebenso schönen Strand an der Devil's Bay, dafür müssen wir aber durch die Granitblöcke im Meer und über Holzleitern klettern. So manch einer mit Übergewicht stößt da an seine körperlichen Grenzen und hat Probleme durch die schmalen Granitspalten zu kommen. Letztendlich haben es alle von unserer Gruppe geschafft, auch wenn der Guide ab und zu nachhelfen und gut zureden muss. Nun dürften wir in vollen Zügen entspannen und in der warmen karibischen Sonne den perfekten Strand und das wunderschöne Meer genießen. Natürlich werden hier ganz viele Fotos vor der perfekten Kulisse geschossen und die jungen Frauen sind total begeistert. Wir dürfen hier eine schöne Zeit verbringen und dann müssen wir uns leider wieder auf den Weg machen und zum Bus zurücklaufen. Da gibt es noch ein High Light, denn ein junger gutaussehender schwarzer Mann serviert uns eiskalte Cocktails mit richtig viel Rum darin, der direkt in Tortola erzeugt wird. Das hebt ganz gewaltig die Stimmung und die leichte Müdigkeit von der starken Sonne ist schnell verflogen. Meine Reisebekanntschaften lassen es ordentlich krachen und stecken mich an, denn wir genehmigen uns alle mehrere große Cocktail. Nach der leckeren Erfrischung geht es den gleichen Weg wieder zurück, nur eben in umgekehrter Reihenfolge. Dieser Ausflug ist nicht billig, aber eine ganz tolle Sache, denn es gibt wunderschöne Landschaften zu erleben und ein kleines Abenteuer ist auch dabei, deshalb kann ich diesen Ausflug nur wärmstens empfehlen. Am Kreuzfahrtschiff folgt die nächste schöne Überraschung, denn die Aida Bella hat uns vor dem Betreten des Schiffes, an der Anlegestelle, noch leckere und sehr erfrischende Getränke serviert.

Der Abend verläuft wieder sehr entspannt und gemütlich und alle freuen sich schon auf den nächsten Tag, denn dann ankern wir vor der Insel Catalina Island und werden nicht nur von der Aida mit einem Barbecue verwöhnt, sondern dürfen von 10:30 Uhr bis 18 Uhr den fantastischen Strand von der traumhaften

Badeinsel genießen. Dazu müssen wir aber erst über Nacht 307 Seemeilen / 569 km zurücklegen, um auf der Koordinate 18° 21' 36'' Nördliche Breite und 69 ° 0' 17'' Westliche Länge pünktlich anzukommen. Das Wetter auf Catalina Island ist wie bestellt für unseren Badeaufenthalt, denn wir haben 26 °C bei reinem Sonnenschein. Die Sonne geht um 6:42 Uhr auf und um 17:58 Uhr wieder unter.

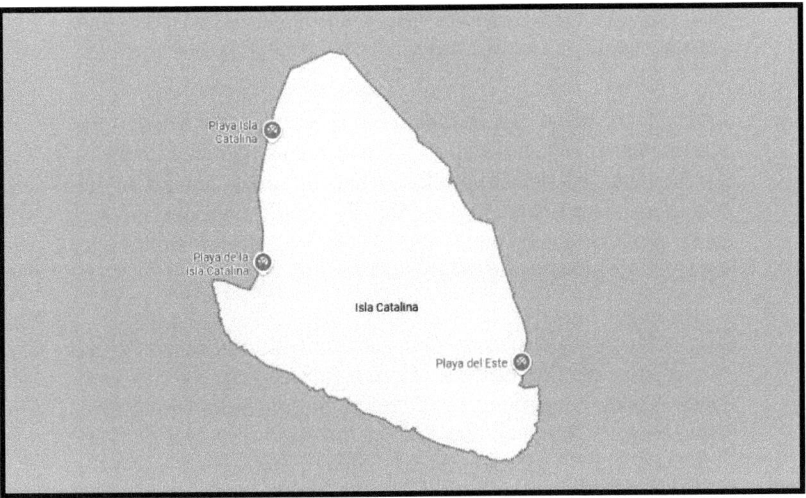

Die etwa 9 km² große unbewohnte Insel Catalina Island ist rund 4,6 km lang, 3 km breit und ihre höchste Erhebung beträgt nur 18 m. Von der indigenen Bevölkerung wir die Insel Toeya genannt, sie liegt im Osten der Dominikanischen Republik nur ca. 3 km südwestlich des Festlands zwei Kilometer südlich der Küstenstadt La Romana. Sie ist ein kleiner Teil der weiter östlich gelegenen Provinz La Altagracia und gehört dort zum größeren Bezirk Bayahibe der Gemeinde San Rafael del Yuma. An ihrer Westküste befinden sich wunderschöne karibische Badestrände, die häufig von Touristenbooten angesteuert werden, wie nun von der Aida Bella.

Am nächsten Morgen liegen wir pünktlich auf Reede (ankern wir) und genießen den schönen sonnigen Tag unter Palmen am karibischen Traumstrand. Dazu setzen wir mit kleineren Booten über und nehmen alles mit was für einem Strandtag wichtig ist. Der weiße karibische feine Sand, das kristallklare Wasser mit der wunderschönen türkisfarbenen Farbe, die Palmen und vieles mehr lässt die Herzen der Freunde für einen perfekten Strandtag in der Karibik höherschlagen. Dazu noch das perfekte Barbecue von den Köchen der Aida Bella und schöner kann ein relaxter Tag in der Karibik nicht sein.

Über Nacht legen wir ausnahmsweise nur 13 Seemeilen / 25 Kilometer zurück, um bei 28 °C und reinem Sonnenschein in La Romana auf der Dominikanischen Republik um 8 Uhr im Hafen anzulegen. Für die Freunde der Nautik liegt das auf den ganz genauen Koordinaten 18° 25' 34'' Nördliche Breite und 68 ° 58' 3'' Westliche Länge.

Wir schlemmen nochmals den ganzen Tag und genießen die Sonne auf dem Sonnendeck. Zwischendurch sehe ich mir vom Deck 12 die Umgebung des Schiffes an und schieße ein paar Fotos von La Romana. Am Spätnachmittag bringt uns der Bus innerhalb von 10 Minuten zum Flughafen und wir können zwei Stunden später in das Flugzeug steigen. Wir fliegen halbwegs pünktlich ab und kommen zur geplanten Zeit am nächsten Morgen um 9 Uhr, nach einem ruhigen Flug, in Frankfurt an. Leider ist das Essen bei der Condor genauso schlecht wie sonst auch. Nun muss ich nur noch mit dem Zug zurück nach Illingen in Württemberg fahren und benötige dafür knapp drei Stunden. Auf der Heimfahrt bin ich sehr müde, aber ich schwärme immer noch von der wunderschönen Kreuzfahrt, auf der wir 5 602 Seemeilen / 10 375 km mit der Aida Bella problemlos und ohne jegliche Störung von Kiel in die Karibik zurückgelegt haben.

Widmung

Das Buch berichtet über die Reise auf dem Kreuzfahrtschiff Bella, das zur Reederei Aida gehört, auf einer Fahrt von Kiel über das historische Europa bis in die wunderschöne Karibik.

Dieses Buch widme ich meinem Gatten Wolfgang Hans Werner Pade, der sich so sehr auf diese Kreuzfahrt freute und unbedingt dabei sein wollte, dies wegen einer Augenoperation leider nicht möglich war und er mir aber trotzdem diese wunderschöne Reise schenkte.

Veröffentlichte Bücher von Wolfgang Pade

Schwabentrio auf Weltreise - Motorradreise Südosteuropa - Expedition Südafrika - Expedition Zentralamerika - Afrika Umrundung 1-4, Backpacker Philippinen Indonesien Singapur 1-2 - Rundreise Vietnam - Inselhüpfen in der Karibik – Kreuzfahrt in der Karibik - Flusskreuzfahrt in Russland - Kreuzfahrt Hamburg Spitzbergen - Backpacker Malaysia Kuala Lumpur - Backpacker Sri Lanka - Kreta während Covid 19 - Freiheit Motorrad Kroatien - Porto im Winter während Covid 19 - Landschildkröten Griechisch und Vierzehen - Motorradreise Peloponnes - Kreuzfahrt Jordanien Seychellen Mauritius La Réunion Südafrika - Segeln in Kroatien Pula bis Trogir - Motorradreise Südosteuropa - Rundreise Japan Tokyo bis Miyajima - Weltreise Schöner blauer Planet - Motorradreise zur südlichsten Stadt Europas - Motorradreise Italien bis Malta - Motorradreise zur Türkischen Riviera - Motorradreise zur Insel Zypern - Motorradreise zur Insel Rhodos - Motorradreise Sardinien - Motorradreise Sardinien in englisch - Kreuzfahrt Karibik und Mittelamerika - Rundreise Namibia Botswana Simbabwe - Pilgerweg Porto Santiago de Compostela bis ans Ende der Welt - Kreuzfahrt Schottland Island Norwegen - Pilgerweg Porto Lissabon - Kreuzfahrt Von Kiel in die Karibik